MTA创业创新课程参考书目
中国旅游创业创新智库丛书
丛书总主编 张德欣

旅游创业启示录
互联网+时代的出境游

张华 王加梁 / 主编
廖旺宇 李凌 罗婉丽 / 副主编

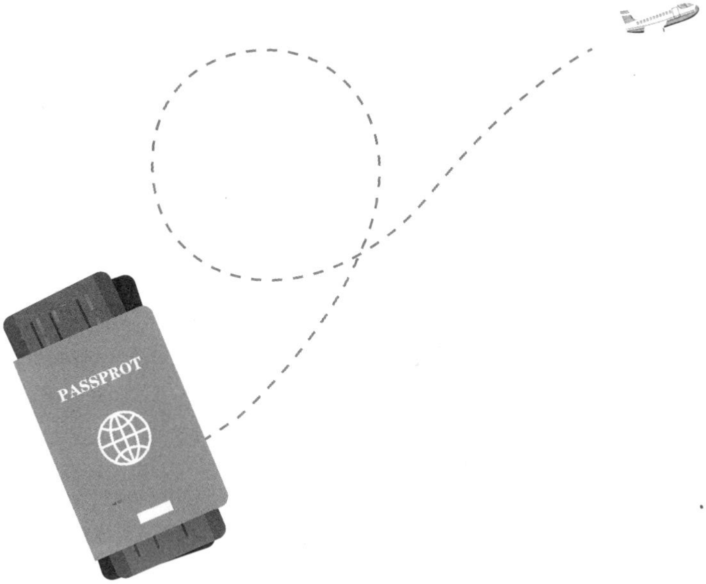

北京·旅游教育出版社

《中国旅游创业创新智库丛书》
编委会

寄 语

中国参与到全球化进程是从工业分工的全球化开始的。到今天，中国制造已经是全球商业格局中最重要的一部分。与之伴随的是中国人的足迹开始遍布全球。出境游的创业机会正是孕育在这个庞大的进程之中。相信会有更多的创业者能站在全球的视角，成就惊人的伟业。

小猪CEO　陈驰

公元1275年，意大利年轻帅哥，20出头的马可·波罗在经过4年的艰苦跋涉，终于到达了神秘东方世界的中心。当他站在繁华的北京街头仰望天空激动不已时，也正有两位和他同样伟大的人，在北京郊区房山上的一所孤独的寺庙中，决定动身去一个他们一直梦想的地方，遥远的耶路撒冷。

就这样，拉班·扫马和他的学生成为了最早游历中亚和西方，并在历史上产生重要影响的中国人；他们是在那不勒斯码头让西方世界第一次拥有深刻印象的东方面孔；他们是希翼通过英法两国武力重新夺回圣城耶路撒冷的外交家；他们是见证了“景教”在中土最后余晖的掌教人；他们是中国的马可·波罗。

您看，创造历史也不是那么困难。只要您有一颗愿意出去看看的心。当然也并非每次的出行都那么悲壮，都需要跋山涉水，不是吗？今时今日，出境游已经变得容易多了，无数的创业家们也开始运用各种智慧和工具，让您的出境游变得轻松简单。而《旅游创业启示录——互联网+时代的出境游》便是一本能让每个普通人都幻化成中国马可·波罗的旅游创业秘籍。

准备好，翻看开，打开一扇通向世界和无尽财富宝矿的大门。

中央人民广播电台调查记者，旅游卫视《中国旅游新闻》主持人，人文历史类畅销书《九门内外》作者　董彬

几乎所有的创业者们，创业起步都是从小公司开始，既然是创业公司，缺钱、缺人、缺资源等将会是常态。甚至创业者和创业团队也会有很多的短板，这些不足会让自己时时陷入无能为力的旋涡里。来自资本、外部环境、竞争对手、内部团队的诸多压力会让你发现创业绝不像你想象得那样美好。你会经历非常多的委屈、无奈、折磨，甚至会创业失败。请在面临这些苦难的时候坚持做对的事，时时刻刻关注我们如何满足消费者需求。

出境旅游是一个优秀的创业跑道，随着新兴消费需求的爆发，出境旅游已经成为人们的生活方式和自我实现的途径。还有太多的消费者需求没有被满足，还有太多的旅游产业升级的机会。IT到DT的变革，推动整个生态变革的力量远远超过工业社会的速度和幅度。如果你选择在出境旅游行业创业，那么恭喜你做了一个很棒的选择！

祝大家好运！祝大家创业成功！加油！

飞猪副总裁　段冬东

人生就是一段旅程，我们在这个旅程中实现自我的成长。旅游带给我们不一样的体验，我们在旅游中不仅仅是观赏沿途的风景，更是用一种跳出日常生活的角度反观自己。蔚然成风的出境旅游给一代中国人带来了前所未有的震撼，也给旅游行业带来了前所未有的机遇和挑战，出境旅游进入了新常态。《旅游创业启示录——互联网+时代的出境游》一书总结了各种别具匠心的商业创新模式，能帮助我们更好地认识出境旅游的新常态。“你站在桥上看风景，看风景的人在楼上看你”。无论你是一个出境旅游业的创业者，还是一个走天涯的旅人，相信这本书都能给你新的启迪。

著名经济学者，中国人民大学重阳金融研究院首席经济学家　何帆随着中国经济的升级、中产阶级的崛起和80后、90后成为消费新动力所带来的市场变化，加之各国对中国签证的政策放宽，出境游呈现井喷式高速发展，并日渐成为消费者的生活标配。消费者曾经传统的走马观花、一路逛一路买的旅行方式，进而转化为追求品质化、个性化的体验需求。 市场的变化为从业者提出了新的课题。未来10年是出境游的春天，在此契机之下，从业者应准确把握主流人群诉求，从个性、定制、深度等细分角度去考量市场需求。 在此趋势下，出境游市场也将呈现出多维度、多元化的发展。

Travelzoo 旅游族亚太区总裁　洪维

中国出境旅游的强势增长已经持续了超过20年之久，并正在经历着质与量的双重变化。新一波的中国游客更加自信，更有经验。在信息技术和社交媒体等的帮助下，他们敢于尝试新的目的地和旅游产品，更加积极地领略目的地文化和生活方式，我们将此称为“中国出境游2.0版” 。随着中国经济的发展，民众的休闲需求将不断变化，可以说中国出境游的序幕才刚刚拉开。对于旅游创业者来说，此刻创业不仅可以分享到中国出境游高速发展的红利，更有可能在全球未来旅游发展中设定标杆，抢占先机。

美国天普大学旅游与酒店管理学院教授，沃士本高级研究员，博士　李想

虽然出境游市场看上去非常广阔火热，但想要从这市场中分羹却不容易。常规OTA平台上提供的产品已经不能满足国人日益增长的大量个性化旅游需求，这也催生了细分与垂直市场的蓬勃发展，给创业者们提供了大量实现创业小梦想的机会。

找到让用户旅行过程中感觉不爽、不舒服的痛点，创业者们必须从市场发展趋势出发，结合自身资源优势、团队能力偏重及个人兴趣爱好等方面，深耕细作下来方能有所收获。

奔跑吧！创业者们！

湖南师范大学旅游学院教授，湖南省投资理财学会会长　王凯

当前中国出境游处于井喷的时代。在互联网+的时代下，人们获取旅行信息的途径越来越丰富，对旅行品质的要求越来越高，传统旅行社作用正在被淡化，简单的没有特色的旅行线路已经无法满足人们的需求。设计特色旅行产品，打造定制化线路，提供全方位贴心服务，旅行社从单纯的地接、订机票功能，向综合旅行服务商转变，是旅行市场的必经之路。

真心投入，熟悉行业，轻资产运营，精细化分工，利用互联网优势，整合各个层级资源，正如Airbnb和Uber那样。如果你可以利用好互联网和大数据，你就可以成为一个优秀的旅行服务提供商。

知名环球旅行摄影师，摄影媒体撰稿人，专栏作者　网际飞侠

喜欢旅行的我，经常出去走走，有一些出境游体验。也看到出境游从单一跟团游发展为半自由行和定制旅行，抑或是自由行。随着出境游的增长，互联网的发展在这方面也呈现出优势。

从各种便捷的出境游APP，到细分出境游市场的服务，如蜜游网这样的旅游出境游服务类创业公司，都在出境游发展的时代中，获得了准确的市场定位和客户群体。《旅游创业启示录——互联网+时代的出境游》一书，很好地解读了网络时代的互联网出境游。

私享世界·新媒体工作室CO-Founder，知名自媒体撰稿人，旅行者　无须豆蔻

欣闻《旅游创业启示录——互联网+时代的出境游》出版，个人获邀撰写寄语，深感荣幸，特予祝贺。旅游创业与国家的战略息息相关，旅游的发展优劣也是人民生活幸福与否的判断指标。如何在旅游创业中寻找最佳的或最合适的商业模式，值得大家一起来努力和讨论。在“一带一路”的政策引导下，旅游创业的未来发展是不可限量的。相信这本书将是海峡两岸旅游创业者的实用宝典，也是学术机构的经典著作，更是政府单位政策拟定的参考用书。

台湾“国立”台中教育大学教授，永续观光研究中心主任　吴忠宏

致旅游行业的年轻人和创业者们：从业二十多年，屡有回望些许感慨，有创业时的无惧，有小成时的欣喜，也有艰难时刻的决断，至今，每年心虑或不悦的烈度系数依旧，不会因公司小时而减轻，也不会因规模壮大后激增。说到创业，特奉劝几句，经过二十多年的发展，行业环境远非昔日可比，创业很难，传统旅游巨头割据，线上旅游霸主几家，要想突围谈何容易。如果你是真心热爱这个行业，那么恭喜，能把爱好和工作结合是人生幸事。可如果创业者从创业第一天就不知道怎么挣钱，就知道怎么花钱，不研究产品和服务，就认为一种所谓模式可以颠覆整个产业链，那还是算了的好。核心的问题是，即使再刚性的旅游需求也无法改变低频消费的特征。一句话，把公司当猪养肥了卖的要深思，旅游投资的风口正在远去，业内战略投资要的是真实的能力，挣钱的能力。

凤凰旅游总裁　谢立新

中国已经进入产业结构转型升级的长期阶段，这一时期服务业高速增长和消费升级成为两个标志性特征，出境旅游的高速增长成为典型经济现象。特别是在近年来第一、第二产业增长率回落的背景下，出境旅游消费的相对重要性不断提升。与此同时，以移动互联网为代表的技术革命深刻改变了旅游产业，百花齐放百家争鸣的创业创新强劲推动了旅游产业的深度变革。在这样的产业背景下，《旅游创业启示录——互联网+时代的出境游》一书具有很高的研究价值。

中国旅游研究院副研究员，中国社科院旅游研究中心特约研究员　杨彦锋

序一:丛书序

创业是一个国家经济活跃的象征,创新是一个民族进步的灵魂,二者也是一个国家兴旺发达的不竭动力。中华民族的发展历程中,有关创业创新的例子不胜枚举,大到开疆拓土,小到手工作坊,无不体现华夏儿女创业创新精神与智慧力量。特别是伴随后金融危机时代下全球经济进入深度调整期,我国经济发展面临着进入新常态下的诸多挑战。此时,由国家最高领导层号召和推动的经济供给侧改革和"双创"活动则成为了推动我国经济发展和转型升级的重要引擎。创业与创新活动不仅仅是国人实现"中国梦"、过上美好生活的重要方式,更是上升到国家和民族层面的实现"中华民族伟大复兴"的重要路径。

2015年3月5日,李克强总理在十二届全国人大三次会议政府工作报告中提出"互联网+"行动计划。2015年7月,国务院印发《关于积极推进"互联网+"行动的指导意见》。同年9月16日,国家旅游局下发《关于实施"旅游+互联网"行动计划的通知》(以下简称《通知》)。《通知》指出,旅游业是国民经济的综合性产业,是拉动经济增长的重要动力。以互联网为代表的全球新一轮科技革命正在深刻改变着世界经济发展和人们的生产生活,正给全球旅游业发展带来全新变革,旅游与互联网的深度融合发展已经成为不可阻挡的时代潮流。不管是互联网+旅游,还是旅游+互联网,这两大最具发展潜力的领域,都是新常态下中国经济快速发展的重要驱动力量。几乎同时,双创也在全国兴起,并影响着中国社会发生深刻变革。

中关村智慧旅游创新协会(以下简称旅创协)是以"旅游创业创新"为核心,涉及跨界旅游及科技领域,经民政部门正式注册的全国性社会团体,本着以"中国旅游互联网产业技术创新发展与服务"为导向,构建"政府引导、科技支撑、企业参与、合作共赢"的旅游互联网产业技术创新环境,通过"资源对接、行业聚合、创新实践、服务社会"持续提升旅游互联网创新能力,积极推进旅游互联网创新成果推广和学术交流,促进旅游行业健康发展。

2016年是中国旅游产业发展的重要一年,李克强总理在首届世界旅游发展大会上指出,旅游业是"大众创业,万众创新的大舞台",各地政府也加快产业布局与政策落地,全国上下掀起一股创业创新热潮。2016年金秋9月,由中关村智慧旅游创新协会发起，特邀旅游业中外顶级学者、智库领导人、产业领军人物及知名投资人等为核心组建“旅游创业创新研究院”，为旅游行业创业创新提供理论支持与实战分享，以营造创业创新环境，提供创业创新建议及服务，助推旅游产业健康有序发展为重要使命。

为响应党和国家号召，顺应时代要求，完善市场和社会需求，致力于推动“大众创业万众创新”及“互联网+旅游”成为中国经济新常态下的新引擎，旅创协与各高校通力合作，组建《中国旅游创业创新智库丛书》编委会，编撰旅游创业创新系列书籍，以积极推动创业创新成为时代潮流，汇聚经济社会发展的强大新动能，积极推动各类创新要素融合互动，让一代“创客”的奋斗形象成为创新中国、智慧经济的重要标识。

目前丛书主要有两个套系，一是蓝皮书系列，以《中国旅游企业创新创业发展报告》为题，每年一册，较为全面与系统地分析当年旅游业创新创业发展实践及趋势；二是以“旅游创业启示录”为题，深入到旅游行业创业的细分领域进行优秀案例的汇总提炼，如周边游、海岛游等。

旅游、互联网、创业、创新，是本智库丛书的关键词。丛书汇聚旅游学术界与产业界力量，一则记录中国旅游业发展变迁史，二来为政府、高校、媒体、研究机构、产业界与创业者们提供相应的决策与分析参考，也可作为高校相关专业、EDP、MBA/MTA、创业学院的教材或案例集。

创客们，这里谨借用六小龄童老师的话与大家共勉：苦练七十二变，才能笑对八十一难。时代造就你的同时，你也创造了时代。

大家，加油！

总主编：张德欣

2016 年于中关村创业大厦

序二:中国出境旅游的理性增长与变化应对

很高兴跟大家聊一聊出境旅游的话题。在湖南卫视刚刚结束的“我是歌手”决赛上,唱民谣的老狼把摇滚圈的老炮儿召集到一块儿帮唱。民谣和摇滚似乎并不怎么搭的,前者多是近处生活的吟唱,后者则更愿意与现实保持距离感,并容易引起年轻人的共鸣。正如歌手许巍演绎的那样“生活不仅眼前的苟且,还有诗和远方的田野”,可是对于绝大多数人来说,不论是不是苟且,都得先过好眼前的生活不是?如果说出境旅游是我们的诗和远方的话,柴米油盐则是老百姓的日常生活,那就让我们先从与日常生活直接相关的物价聊起吧。

近几日老百姓的菜篮子有两样东西因为涨价而成为网络段子手的热门题材,一是价格上涨35%的大葱,一吨大葱的价格相当于同样重量的石油价格的8倍;另一个是猪肉,也上涨了35%。从国家统计局公布的3月份消费者价格指数CPI来看,同比上涨了3.5%,同期PPI,也就是生产者价格指数则下降了4.3%。这意味着咱老百姓哪怕走在诗和远方的路上,也得回头看看目前的生活别有什么影响。回到旅游的话题,尽管李克强总理在政府工作报告中明确提出“迎接大众旅游时代”,但是一个不言自明的道理是,只有把日常生活过好了,过踏实了,才会考虑去更远的地方。因此,国民经济的增长率、企业生产的活跃度、居民消费品的价格走势,都会直接影响远方的旅行。

就是带着诗歌去了远方,也还是离不开世俗生活的,除了吸引我们的美丽风景,还得考虑出去旅行是不是很方便,口袋里的铜板是不是足够坚挺。对于出境旅游来说,货币的坚挺程度是与汇率直接相关的。从去年的1月份起,到今年3月份为止,人民币兑美元的汇率贬值了3.85%。这意味着中国人出境旅游的成本变高了,这不利于消费意愿的持续增长。国家旅游局发布的2015年出境旅游总人数的市场指标,再创历史新高,接近1.2亿人次,但是增长率只有9.8%。这就意味着经过了15年的高速增长,中国的出境旅游市场增幅首次回落到个位数,也意味着自发的、高速增长的出境旅游时代已经成为过去。

尽管增幅回落到个位数,中国出境旅游市场增长的空间仍然是巨大的。这个判断可以从宏观经济指标得出，也可以从出境旅行证件的存量和增长加以预判。旅行证件包括因公和因私的护照、港澳通行证、往来台湾地区通行证，总数应该是6000万多一些。即便忽略一个人持有多本旅行证件的因素，六千万人的潜在出境市场存量，和14亿的人口基数比起来，仍有一个巨大的增长空间。世界那么大，绝大多数国民都想出去看一看。只要证件签发的政策放宽些，这个市场就会放量增长。请各位相信，中国的出境旅游市场基础是足够厚实的，未来五到十年稳定增长的基本面没有变。

让我对出境旅游市场保持乐观预期的第二个理由是越来越多的国家和地区给予中国游客更好的旅游便利。现在的年轻人都喜欢"说走就走的旅行"，那得让别人允许你说来就来啊。在过去的一年中，我充分关注到越来越多的国家和地区对中国游客实施了免签证、落地签证、一签多行等以签证便利化为代表的宽松而自由的旅行政策。允许游客自由往来还不够，还得有欢迎的姿态，于是，境外目的地持续扩大在中国市场的宣传力度，并为之投放更多的高品质旅游产品。在今年上半年参加COTTM的展商及其所在国家和地区的政府、公共服务部门和商业机构就是这么做的。在欢迎中国游客的接待环境方面，包括但不限于中文标识、汉语导游、中餐、银联卡等，都让游客得以更方便地体验目的地生活方式。

受益于大众创业、万众创新的大环境，旅游市场主体为中国出境游客创造了更好的消费环境。像海玩、我趣旅行、游心旅行等，都在做海外的酒店、租车、餐饮等目的地资源的直接采购和产品整合。像蚂蜂窝这样有深厚互联网基因的旅行服务商，从早期用户生成内容（UGC）到专家生成内容（PGC），再到休闲旅游者的自由行服务，一直在利用大数据技术来为出境游客提供丰富多彩的旅行生活体验。银联国际、欢迎中国等项目则一直推动海外目的地为出境游客提供更多的品质分享。

出境旅游市场对关税政策很敏感。最近大家普遍关心，4月8日以后海外旅游所购商品在入境管制政策上是不是变得更为严厉了。网络上有很多似是而非的文字和图片，我希望大家若想研究这些政策性很强的问题，一定要去财政部和海关总署的官方网站查看官方渠道发布的消息，谣言就不攻自破了。政策是严肃的，需要稳定性和连续性，如果有调整的话，也是分类渐进的。比如跨境电商平台，其交易的频次和营业规模是肯定要受新政策影响的，严格意义上讲这不是旅游的范畴，而是小额贸易的范畴。没有迹象表明，中国政府正在实施或者正在研究如何调整出境旅游政策。

面对中国出境旅游市场的变与不变，我给各位读者几点建议，供各位参考。

继续保持对出境旅游市场繁荣和发展的坚定信心

2020年很快就会到来，中华民族伟大复兴的第一个目标，即全面实现小康社会的中国梦就要成为现实。人均GDP、居民可自由支配收入、城镇化水平、人均寿命、平均受教育年限等经济社会发展指标都将有质的变化。日常生活的问题解决了,我们就会有意愿,也有能力多考虑一些诗和远方的问题。事实上,政府和社会也正在为大众旅游时代的到来做各项准备工作。大众旅游是什么?首先是国民参与人数的持续快速增长。

2015年,国民参与旅游的人数首次突破了40亿人次,其中近1.2亿人次是出境旅游。可以说,旅游正在成为国民大众不可逆转的消费选项,世界那么大,我们也都想出去看一看。根据国务院有关文件的规划,到2020年,国民出游率将达到5次,即近70亿人次的国内旅游和2亿人次的出境旅游市场。希望目的地国家和地区的政府,特别是旅游推广机构,还有各类旅游资源供应商和旅行生活服务商,要对出境市场的未来增长、对中国出境旅游政策继续保持信心。

大家也要充分估量市场增长趋势中的结构和行为的变化,并给予积极的应对

现在出境旅游市场正在从自发的、情绪化的增长转向自觉的、理性化的增长。如今已不可能再像早期那样,你给我说一个海外目的地,只要是没有去过的,我就颠颠地去了。因为国际国内旅游目的地的选择范围更加广泛了,也因为游客的消费经验累积到了一定程度,就不会再那么轻易被打动了。是的,非洲的动物大迁徙、休斯敦的火箭发射、法国的美食和红酒等,都是值得体验的场景和生活方式。一些旅行指南的书籍和杂志动不动就列出"你不得不去的100个地方""一生不得不品尝的100种美食",是很好啊!可是旅行虽美好,生命有限度,不可能都去的。这就有旅游目的地的理性选择问题,好的旅游推广是可以改变人们的消费偏好的。像我们的近邻韩国在制造流行文化,在旅游推广服务方面就很是值得研究。大家注意到没有,曾经韩国推出的旅游形象大使,就是站在朴槿惠总统边上的那位当代影星宋仲基。他们是把中国出境旅游市场,特别是年轻人的出游偏好和消费行为研究透了,还善于用中国游客听得懂的语言,去言说他们感兴趣的故事。还得用好当代科学技术,特别是基于互联网的大数据技术。

搜狐旅游频道的李妍主编曾经告诉我,他们生活类资讯中阅读量最大的是关于星座的,现在已经有市场机构在利用客群的星座分布去优化广告投放渠道,并相机调整市场宣传策略。为了应对增速理性回调的出境旅游需求,以及更加激烈的市场竞争,旅游目的地的市场形象确有必要重新梳理和建构。

海外旅游目的地需要提供多一些体验当地生活方式的旅游产品和服务,以适应日渐增长的休闲度假旅游市场

出境旅游市场经过十五年的发展,已经逐渐培育成熟。从早期"走走走"也就是观光看景为主,到"买买买"即购物为主,发展到"慢慢慢"即休闲度假的目的地生活体验阶段。当然,购物还是比较多的,但是购物清单中的购物行为已经发生了巨大变化。早期买奢侈品、买高端商品比较多,现在呢?消费变得更加理性了。目前游客的购物清单中化妆品、药品、马桶盖、高压锅等生活用品明显增加了。

游客到了目的地,就在某个国家,甚至某座城市度过整个假期,真正的休闲市场正在发育起来。中国人的家庭休闲市场发展起来以后,海外旅游供应商的产品结构就得做相应的调整,比如说公寓会变得越来越抢手。一家三口出去,选一个有客厅、有洗衣机、有非明火灶具的公寓,很实惠啊!不是每位出境旅游的中国人都那么有钱,就像不是每位中国人都会功夫那样,也不是每个游客都是土豪。我们会更加注重精打细算。购物也不一定非要去大商店和免税店,也可以去社区商店、便利店,甚至菜市场。就像外国游客也愿意跟中国人一起包饺子,一起去三里屯泡酒吧那样,中国游客也愿意融入到当地的社会生活中去。

这种家庭、情侣、朋友们之间去体验异地生活场景的需求越多,越需要海外目的地为游客提供便利的消费环境。毕竟不是每一个中国人出去的时候,都可以自己开车,都会说英语、德语、法语、韩语,或者其他异国他乡的语言。他们还需要有一些中餐,需要看中文电视,也需要有方便接入的 Wi-Fi,自拍后再美颜一下传到微信朋友圈。希望目的地国家和地区的政府,特别是营销推广机构,在欢迎中国游客方面,从更多的细节上去做文章,而不只是宣传秀丽的风景,激动人心的大事件。要知道,人们之所以流泪,不是因为远方的战争,而是风沙吹进了我们的眼睛。

衷心地祝愿中国出境旅游市场繁荣发展,祝愿《旅游创业启示录——互联网+时代的出境游》一书能够给广大从事旅游行业的旅游人以及即将在出境旅游方向创业的年轻人一些启发和收获!

中国旅游研究院院长 国家旅游局数据中心主任　戴斌

2016 年 4 月 12 日

序三：生机勃发　潜力万千

关于出境游这个话题，相信大家都有一定了解，人民币的坚挺加之国人对精神层面更多的诉求，使中国百姓出境者日渐增多，这些不满足于国内周边游与长线游的用户，已经将目光投向海外，从港澳台开始，进而东南亚日韩，随后进军欧美及亚非拉更为广袤的土地上。

根据联合国世界旅游组织数据显示，自 2012 年起，中国已连续多年成为世界第一大出境旅游消费国，对全球旅游收入的贡献年均超过 13%。根据《中国旅游发展报告 2016》披露，2015 年中国出境游人次达 1.2 亿人次，境外消费金额达 1.5 万亿元人民币，中国出境游人数和旅游消费均位居全球第一。预计 2020 年，中国国内旅游规模将达到 68 亿人次，出境旅游人数将超过 2 亿人次。上述报告还显示，目前中国排名前 10 位的互联网企业都在进军旅游业。预计至 2020 年，中国在线旅游交易覆盖的总人数有望突破 6 亿人次。

随着中国经济的发展，世界经济中心和旅游大国都已经进入“中国时间”，在 2015 年到 2020 年，预计中国旅游行业的复合增长率为 10%。同时仅就国家大力支持的“一带一路”旅游合作来说，未来 5 年，就计划为沿线国家输送 1.5 亿人次中国游客、2000 亿美元旅游消费。

以上只是官方的数据。2015 年 9 月，我受邀参加南开大学举办的中西旅游大会时，某国际酒店集团总监给出一个数据“中国人只有 5%的人持有护照”，则可以借此想象未来中国出境游的市场有多大，目前仅是非常初期的起步阶段。环游世界是每一个人的梦想，而为梦想提供支撑的，则是出境游的服务商们。

政策红利助力行业快速发展，出境游龙头企业纷纷谋求上市，以期做强做大主体业务。同时，由于资本市场直接看到强劲的行业发展势头，出境游企业上市后的资本运作也受到市场各方的认可。我们先来看一下传统旅游业中出境游领军企业，也即所谓三驾马车或出境游三大社的情况。

众信旅游 2016 年动作频繁，收购华远国旅、股权激励、员工持股、高管增持以及实际控制人增持……显示了众信旅游在境外旅游的长远布局。

出境游市场另一龙头企业凯撒旅游 2015 年 10 月也已完成重组上市，2016 年

5月初，便公告拟募资80亿元用于建设凯撒邮轮销售平台、凯撒国际航旅通等项目。希望通过定增深化公司出境游全产业链战略布局，做到线上线下双向结合，推动公司持续健康发展。

同为出境游三大社之一的凤凰旅游，与洪湖生态农业有限公司进行重大资产重组，加速步入资本市场，将转变为出境旅游批发(团队游)，以及出境旅游定制、航空票务、修学业务、签证等各项单项委托旅游业务的专业旅游资源整合机构。

而作为“互联网+”时代的旅游创业创新弄潮儿，本书中的案例企业则避开三大社在资源与渠道上的优势，从游客与用户的实际需求出发，寻找细分与垂直市场的蓝海。这也是因为随着中国消费者出游观念的愈发成熟，休闲度假的品质及出游体验的提升，已成为消费者出游最为关注的因素。

从微细分市场的角度，满足更多国人个性化与主题式需求的旅游服务商，在巨头市场反应迟缓与势力范围薄弱之地，以小而美的平台涌现出来。他们或专注于某个地域，或专注于某个人群，或专注于某种主题，从而用一把锐利的小刀切开市场。毕竟中国庞大人口基数为众多草根创业者提供了广阔的土壤，只要掌握“资源把握力、产品设计力、服务执行力”这三把利器，利用好互联网思维，做好与线下企业的分工协作，相信都会有不错的成绩。

这里请出境游创业者们多关注一下“一老一小”两个出境游最有潜力的人群。

首先是老年人市场。中国已进入老龄化社会，国家统计局最新数据显示，截至2015年底，我国60岁以上人口升至2.2亿，占比16.1%，即中国每6个人中，就有1个是老年人。随着经济的增长、生活水平的提高、社会保障的完善、医疗条件的改善，加上充裕的时间、老年人消费观念的转变，近几年，国内老年游客的出游人次占比明显上升。尽管老年游客更爱国内游，但随着出境游景点开始出现更多的中文服务以及众多国家推出免签及签证便利举措，不少身体状况较好的老年游客，开始渐渐倾向出国游玩。2015年，老年出境游同比增长217%，增速高于国内游(95%)。由于老年人对价格比较敏感，在假期上限制性很小，银发族成为节后错峰游主力。

其次是小孩市场。2013年2月2日，国务院办公厅印发《国民旅游休闲纲要(2013—2020年)》，提出“逐步推行中小学生研学旅行”的设想。2014年8月21日出台的《关于促进旅游业改革发展的若干意见》中，首次明确了“研学旅行”要纳入中小学生日常教育范畴。

研学旅游的本质特征是体验教育，教育是研学旅行的灵魂。除学校之外，我们应鼓励更多主体参与研学旅游，特别是应充分发挥群众团体、公益组织等的积极性，利用各自的优势来举办形式多样、各具特色的研学旅游活动，努力形成优势互补、功能完备的研学旅行教育体系，让研学旅游真正实现学游兼得。

当然，虽然前景美好，但在出境游方面，对“一老一小”更应保证便捷与安全。同时，随着移动互联网迅猛发展与智能手机的普及，根植于游客目前及未来需求，提供设计完善的产品与规范周到的服务，才能够在未来市场中赢得一席之地。

最后还是用乔教主的“Stay hungry Stay foolish”来勉励创业者们。一方面保持空杯心态，不断学习进取；另一方面就是要有无论如何也要坚持到底的信念。对于创业，这二者皆为充分且必要条件。在孕育无限机会的出境游市场中，愿创业者们能实现胸中理想。

中关村智慧旅游创新协会　创会会长　张德欣

2016 年 5 月 29 日凌晨于回龙观

前　言

改革开放以来，随着中国经济的发展，越来越多的人选择到世界上其他国家和地区旅游度假，出境旅游的人数逐年递增。同时随着出境旅游目的地的增多，出境旅游需求的扩大、出境旅游经营权的逐步放开、出境旅游服务体系的逐步完善使得整个出境旅游市场呈现出开放、有序、繁荣的发展局面。“互联网+”作为当前互联网思维的进一步实践，推动着社会经济形态不断地发生演变，带动社会经济实体的生命力不断壮大，为改革、创新、发展创业提供了广阔的网络平台。

本书立足于当前“互联网+”时代，从中关村智慧旅游创新协会的会员单位中精选 12 家专注于做出境游的旅游企业进行了深度访谈。通过对这些企业的创业源起、发展大事记、商业模式、企业面临的问题以及未来发展规划等多个方面进行介绍，让读者可以全面了解这些企业的创业发展过程。这 12 家企业虽然只是当前众多出境游旅游创业者中的一小部分，但是创业者们创业的勇气与热情、睿智与决断、经验与教训等均让我们受益匪浅。

作为本书的特色之一，书中很多资料均来源于对这些旅游企业 CEO 或高管的访谈，部分资料是我们经由独家采访获得并且首次公开。

本书可作为高等院校工商管理、旅游管理、信息管理等专业的教材，也可作为 MBA、MTA 的教材，同时可作为旅游从业人员以及有意创业和正在创业的人员的参考用书。

全书共分为三章，第一章、第二章由廖旺宇老师撰写。第三章共包含 12 个企业案例，按照企业名称的首汉字汉语拼音字母进行排序。企业访谈由四川旅游学院张华教授、王加梁副教授和廖旺宇三位老师共同完成。在所有企业资料的收集和整理过程中，还得到该校信息与工程系 2014 级信息管理与信息系统专业学生胡杰、马鑫、吴丽霞、胥倩岚、杨旭五位同学的大力帮助，他们在访谈资料的翻译和梳理方面做出了巨大的贡献。

本书的编写过程中还得到四川旅游学院信息与工程系多位专家、学者以及领导的指导和支持，李凌副教授和罗婉丽副教授为全书的统稿和校对倾注了大量的心血。同时感谢来自该校的四川省教育厅《智慧旅游技术应用创新科研团队》项目的大力支持。感谢中国旅游研究院院长、国家旅游局数据中心主任戴斌以及中关村智慧旅游创新协会创会会长张德欣为本书作序。感谢来自小猪的 CEO 陈驰、中央人民广播电台及旅游卫视《中国旅游新闻》主持人董彬、阿里旅行度假目的地事业部总经理段冬东、中国人民大学重阳金融研究院首席经济学家何帆、Travelzoo 旅游族亚太区总裁洪维、美国天普大学旅游与酒店管理学院教授及沃士本高级研究员李想、湖南师范大学旅游学院教授兼湖南省投资理财学会会长王凯、知名环球旅行摄影师兼摄影媒体撰稿人网际飞侠、私享世界 · 新媒体工作室 CO-Founder 及知名自媒体撰稿人无须豆蔻、台湾“国立”台中教育大学教授兼永续观光研究中心主任吴忠宏、凤凰旅游总裁谢立新、中国旅游研究院副研究员兼中国社科院旅游研究中心特约研究员杨彦锋等 12 位嘉宾为本书赠言。同时全书的策划、编撰以及与相关企业的联系还得到了中关村智慧旅游创新协会以及书中案例所涉及的相关人员的大力协助。在此一并表示深深的感谢和崇高的敬意！

由于笔者水平有限，书中难免存在不足之处，敬请各位专家、读者批评指正！

张华　王加梁

2016 年 7 月于成都

目　录

第一章

我国出境旅游现状

伴随着我国经济社会的快速发展，综合国力显著增强，人民生活水平逐步提高，居民可自由支配收入明显增多，使得休闲旅游需求得到快速增长，同时，现代生活节奏的加快、工作压力的增长，也促使人们更多地选择旅游的方式来放松身心、释放压力。这些需求的产生使得我国的旅游行业得到了快速发展。尤其是自 20 世纪 90 年代以来，我国的出境旅游更是进入了一个迅猛发展的阶段。

一、我国出境旅游概况

出境旅游是指中国（大陆）居民因公或因私出境前往其他国家、中国香港特别行政区、澳门特别行政区和台湾省进行观光、度假、探亲访友、就医治病、购物，参加会议或从事经济、文化、体育和宗教等活动。

（一）出境旅游人次增长迅速，绝对数量巨大，但市场规模相对数仍然偏低

我国的出境旅游始于 1984 年，那一年，国务院正式批准赴香港、澳门地区的探亲旅游。进入 20 世纪 90 年代，我国的出境旅游市场开始活跃。从有统计的 1992 年至今，我国的出境旅游人数持续增长，见表 1-1 和图 1-1。据统计，2015 年已超过 1.2 亿人次。以出境人次论，我国已在 2004 年超过日本成为亚洲最大的客源输出国，2015 年则成为了全球最大的客源输出国。2016 年上半年，中国公民出境旅游人数 5903 万人次，比上年同比增长 4.3%。

表 1-1　中国出境旅游情况统计表（1992—2014 年）

（单位：万人次）

年度	出境总人数	增长率（%）	因私出境人次	增长率（%）	旅行社组织的出境旅游人次	增长率（%）
1992	298.87	—	119.30	—	86.00	—
1993	374.00	27.7	146.62	22.9	72.36	-15.9
1994	373.36	-0.2	164.23	12.0	109.84	51.8
1995	452.05	21.1	205.39	25.1	125.99	14.7
1996	506.07	12	241.39	17.5	164.00	30.2

续表

年度	出境总人数	增长率（%）	因私出境人次	增长率（%）	旅行社组织的出境旅游人次	增长率（%）
1997	532.39	5.2	243.96	1.1	143.07	-12.8
1998	842.56	—*	319.02	30.8	181.09	26.6
1999	923.24	9.6	426.61	33.7	249.56	37.8
2000	1047.26	13.4	563.09	31.9	430.25	72.4
2001	1213.31	15.9	694.54	23.3	369.53	-14.1
2002	1660.23	36.8	1006.14	44.9	372.16	0.7
2003	2022.19	21.8	1481.09	47.2	387.01	4.0
2004	2885.29	42.7	2297.90	55.2	558.60	44.3
2005	3102.63	7.5	2514.00	9.4	679.69	21.7
2006	3452.36	11.3	2879.91	14.6	843.02	24.0
2007	4095.40	18.6	3492.40	21.3	987.42	17.1
2008	4584.44	11.9	4013.12	14.9	1090.91	10.5
2009	4765.63	4.0	4220.97	5.2	1234.68	13.2
2010	5738.65	20.4	5150.90	22.0	1663.88	34.8
2011	7025.00	22.4	6411.79	24.5	2021.92	21.5
2012	8318.27	18.4	7705.61	20.2	2830.57	40.0
2013	9818.52	18.0	9196.90	19.4	3355.71	18.6
2014	10 700.00	9.0	—	—	3914.98	16.7

（*注：统计口径发生变化，总量无法简单比较。）

作为国民旅游的有机组成，我国出境旅游的快速增长得益于我国庞大的人口基数所产生的巨大旅游需求。尽管出境旅游市场规模渐创新高，但是与我国的人口总量相比，我国公民出境旅游的比例还较低。1992 年，出境游客仅占到总人口的 0.25%。即便是有统计数据的出行人次最高的 2014 年，出境旅游率也仅仅约为 7.82%。相比之下，1992 年日本出境市场已经占到总人口的 9.49%，之后徘徊在 13%上下。韩国 1992 年出境市场占总人口的 4.68%，之后迅速提升，2011 年该数据达到 25.5%。中国台湾地区从 1992 年的 20.26%增长到 2011 年的 41.27%。美

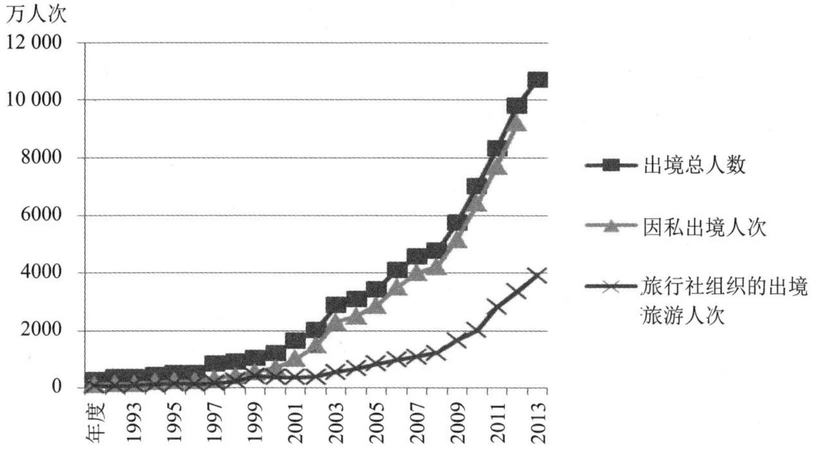

图 1-1　中国出境人数统计图

国的出境市场占总人口的比例一直稳定在 20%左右。金砖国家中，俄罗斯在 2006 年之后超过 20%，南非近年来也保持在 10%左右的水平，印度在 2010 年达到 1.06%，巴西在历经反复后恢复到 2.72%。虽然我国出境旅游市场的绝对量已经排名世界第一，但是从出境旅游市场的相对量来看，我国仍然偏低。作为一个拥有近 14 亿人口的大国，我国出境旅游市场的相对规模还不及 20 多年前日本的发展程度。如果仅考虑只占出境市场规模 30%的出国市场，相对量的差距将更为明显。另外，我国的出境游客是一个广义概念，其中既包括因公出境，也包括因私出境；既涉及狭义旅游范畴的观光休闲，也囊括广义旅游范畴的商务会议。从统计的角度而言，属于宽口径的统计方式，会在一定程度上放大出境市场的实际规模。这意味着狭义旅游范畴的出境游客相对规模与发达经济体的差距会进一步拉开。

当然，随着国民经济和居民人均收入的快速增长，总体而言，我国出境旅游需求得到了迅猛增长。尤其自 20 世纪 90 年代末以来，我国出境旅游更是进入了一个快速增长的阶段。

（二）空间流向渐趋广泛，但仍以周边国家和地区为主

由政治体制与发展历程等多种因素所决定，我国出境旅游的活动形式包括“港澳台游”“边境游”和“出国旅游”三种类型。作为开放时间最早，与内地关系最为紧密的地区，中国香港和中国澳门一直是内地出境游客最为主要的出境目的地。2003 年，在《内地与香港/澳门关于建立更紧密经贸关系的安排》出台的背景下，内地赴香港与澳门“个人游”正式启动，使得赴香港与澳门旅游的内地居民持续增加。从 2004 年至今，赴香港与澳门的游客规模基本保持在出境游客的 70%左右。

2008年《海峡两岸关于大陆居民赴台湾旅游协议》的正式生效与2011年赴台"个人游"的开放，推动赴台游客实现了大幅增长，台湾成为大陆居民的第四位出境游目的地。大量游客流向港澳台地区，严格意义上的出国游客数量还比较少。2011年的7025万游客当中，赴香港、澳门、台湾的游客分别为2832.07万人次、1976.53万人次和185.50万人次，边境游客与出国游客共计只有2216.40万人次，占总游客量的31%。

同时，根据中国旅游研究院发布的中国出境旅游发展年度报告，从出国游客出境旅游的洲际分布情况来看，2012—2013年，我国出境旅游目的地都集中在亚洲地区，并且在中国出境旅游中占据了绝大部分优势，已超90%。见表1-2。这在一定程度上是由于我国本身处于亚洲地区，距离较近，相对花费较低所导致。

表1-2　2012—2013年中国出境旅游目的地洲际分布情况表

年度	亚洲	大洋洲	欧洲	非洲	美洲
2012	90.23%	1.18%	4.12%	1.28%	2.98%
2013	90.57%	1.07%	3.54%	1.93%	2.68%

从纵向发展来看，中国赴五大洲的出境旅游人次略有变动，其中大洋洲、欧洲和美洲2013年的中国出境旅游人次比重较2012年呈下降趋势，而中国赴亚洲和非洲这两大洲基本保持稳中有升的趋势。中国赴非洲的出境旅游人次增多，这可能是由于中国与非洲的关系发展迅速，中国投资增多，中非之间的交流得到加强，此外，还可能是非洲特殊的自然环境和人文地理资源吸引众多的中国人赴非旅游。

总体而言，从发展情况、目的地流向关注我国出境旅游市场的发展态势，可以得到的结论包括：

第一，我国出境旅游市场发展潜力巨大，还有较大部分的潜在游客未被开发。从已有的出境旅游市场客流数据来看，纵向上中国出境旅游总人次呈现逐年上升的趋势，且增长率基本保持在两位数以上；横向来说，与入境旅游、国内旅游的总人次相比，出境旅游总人次基数相对较小，但市场增长率却是快于其他两个市场。从已有的消费水平来看，中国出境旅游消费呈现爆发式的特征；消费总额已占据全球第一，但是人均消费远远低于其他出境旅游大国。

第二，从我国出境旅游目的地流向来看，亚洲为我国出境旅游目的地主要集中区；从具体国家或地区来看，以港澳为主，出国旅游相对较少。

（三）出境游客源地“东中西”依次递减的三级阶梯状空间格局依然延续，同时加速向二三线城市扩散

2014 年，客源地潜在出游力地域空间形态保持了相对稳定的态势，整体依然呈现“三级阶梯状”，形成东中西三个空间分异带。

随着国际航班、签证中心的新增和加密，二三线城市的市民不再需要去大城市办证和出发了，这些地区出境旅游人数增长速度高于一线城市，其重要性将日益凸显。潜在出游力在传统经济区与经济欠发达区域之间的差距在缩小，表现出明显的收敛趋势。成都、重庆等西部城市将继续保持快速增长势头。

根据携程上半年出境自由行、跟团游百万规模的服务人数，2016 年上半年排名前 20 位的出境旅游出发城市为：上海、北京、广州、深圳、杭州、成都、南京、天津、武汉、重庆、厦门、西安、长沙、青岛、沈阳、昆明、宁波、福州、南宁、大连。

出境旅游人数增长速度最快的前 10 名城市分别为长沙、深圳、重庆、成都、武汉、昆明、福州、西安、南京、杭州。其中，长沙等城市在线出境游客人数增长超过 100%。

伴随着使领馆的区域分布不断优化，地区直航航班的不断增加，特别是高铁与航班联运模式进一步延展了出境旅游市场的触角，使得口岸城市和交通枢纽城市的影响力有效放大。西南、西北、东北等区域的出境客源比重将持续上升。围绕丝绸之路经济带和 21 世纪海上丝绸之路建设，在东盟—湄公河流域开发合作、大湄公河次区域经济合作、中亚区域经济合作、图们江地区开发合作以及孟中印缅经济走廊、中巴经济走廊等区域次区域合作机制框架的指引下，各种有利于边境旅游的出入境政策将有较大的优化空间，边境出境旅游也将有明显的升温。

二、我国出境旅游政策选择

从国际经验来看，市场政策对于出境旅游的发展会起到不容忽视的促进或抑制作用。20 世纪 50 年代到 80 年代，我国对于出境旅游实行严格控制的政策。直至 1984 年，国务院正式批准赴港澳地区的探亲旅游才开启了我国出境旅游的市场先河。1990 年 10 月国家旅游局发布《关于组织我国公民赴东南亚三国旅游的暂行管理办法》，1997 年国家旅游局与公安部共同发布《中国公民自费出国旅游管理暂行办法》。政策环境的逐步宽松，加上我国经济和国民收入的持续增长，使得我国出境旅游经历了 1983—1997 年以港澳“探亲游”与边境游为代表的尝试性发展阶段，1997—2005 年主动引导出境旅游发展的适度发展阶段，2005—2009 年以加强监管、提升品质为目的的规范发展阶段，2009 年之后强调出境旅游综合效应发

挥的有序发展阶段等发展阶段。可见,出境旅游的市场政策是谨慎推进、有序放开的。我国从1997年起实施的ADS(Approved Destination Status)政策,是一项针对出境旅游目的地审批的制度安排,以双边旅游协定为基础,准许中国自费游客以团队的形式,凭借特殊签证赴对方国家或地区旅游。ADS中对于中国境内全面开放和部分开放的地区划分,中国公民出境旅游必须以旅行团队的形式进行,以及从事中国公民出境旅游业务的必须是中国与目的地双方核准的旅行经营商等相关规定,表明对我国出境旅游目的地范围、旅游形式、签证办理与旅游经营等方面的开放是逐步进行的。根据2015年中国出境旅游发展年度报告,截至2014年底,经国务院批准正式实施的ADS国家有117个,占与我国建交的172个国家的68.02%,见表1-3。"自由行"与"个人游"作为ADS基础上更加灵活的政策设计,目前也正在逐步施行。

表1-3 正式开展组团业务的中国出境旅游目的地国家分布表

	建交国家	正式实施ADS国家	占比
亚洲	45	31	68.89%
大洋洲	10	10	100%
欧洲	44	39	88.64%
非洲	50	19	38.00%
美洲	23	18	78.26%
合计	172	117	68.02%

就旅游业整体而言,战略地位也日益凸显。国务院总理李克强在首届世界旅游发展大会上表示,中国政府高度重视旅游业的地位和作用,先后颁布出台一系列促进旅游业改革发展的法律法规和政策措施,目的是把旅游业打造成国民经济的战略性支柱产业和人民群众更加满意的现代服务业。

在大会致辞中,他指出:

1.旅游业是中国培育发展新动能的生力军。虽然中国旅游业取得了长足发展,但总体上还处于供给不足的状态,特别是高品质、有创意的旅游项目和服务短缺。过去5年,旅游业投资年均增长40%,2015年突破1万亿元。现代旅游业是融合第一、第二、第三产业的综合性产业,这是一种新经济,不仅促进农产品消费和升值,也带动更多适应群众需要的工业品开发,其关联产业达110多个,对餐饮、住宿、民航、铁路客运业的贡献率都超过80%。"一业兴,百业旺"。2015年旅游业对中国 GDP 的直接贡献率为 4.9%，综合贡献率达 10.8%。但目前中国旅游业发展水平还不高，对国民经济的贡献率仍低于世界平均水平。今后，中国将把发展旅游业作为推进结构性改革尤其是供给侧结构性改革、促进经济发展的重要方面来抓，实施旅游消费促进计划和旅游投资促进计划，落实向社会资本全面开放旅游市场的举措，进一步深化对外合资合作，以改革开放增强旅游业发展动力。中国将加强旅游交通、景区景点、自驾车营地和信息化等硬件设施建设，强化旅游市场监管，使中外旅客享受更加便捷安全、多彩快乐的旅游之美。中国还将推进全域旅游和“旅游+”行动，大力发展乡村旅游、工业旅游、文化旅游、养老养生游，并与“互联网+”相结合，在促进旅游中实现第一、第二、第三产业融合发展，以旅游业的升级换代促进国民经济的提质增效。

2.旅游业是大众创业、万众创新的大舞台。创新是引领发展的第一动力。做优做强中国旅游业，迫切需要依靠创新驱动，转变发展方式，不断提高发展质量和水平。中国各地都有丰富的旅游资源，旅游产业链条也长，适合各层次的劳动力就业创业，是大众创业、万众创新最活跃的领域之一。2015 年，中国旅游业直接就业人数近 2800 万人，加上间接就业总计吸纳 8000 万人就业，约占全国就业总数的 10%。我们将进一步完善激励政策、搭建公共服务平台、加强职业教育和职业技能培训，为更多群众参与旅游产品开发和服务创造良好的环境条件。

3.旅游业是建设美丽中国的助推器。旅游业消耗低、污染少、可循环，是典型的绿色产业。中国人常说：靠山吃山，靠水吃水。过去更多是理解为直接开发利用，搞的是挖山伐木、涸泽而渔，导致生态环境恶化，发展难以持续。这些年随着旅游业的迅速发展，人们越来越认识到，绿水青山本身就是金山银山，保住了绿水青山就保住了财富之源，从而更加自觉地保护生态环境、注重可持续发展。我们要把促进旅游业发展放在生态文明建设的突出位置来抓，大力倡导绿色富国、绿色惠民理念，坚持在发展中保护、在保护中发展，实行最严格的生态环境保护制度，建立国家公园体制，统筹旅游景区开发和保护，兼顾经济效益和生态效益，走出一条生态保护与经济发展相协调的路子。

4.旅游业是中国对外友好交往的高架桥。国之交在民相亲，民相亲在人往来。旅游是人与人最直接、最自然的交流方式，是开放的窗口、友谊的纽带、和平的使者。中国政府高度重视旅游在促进人文交流中的作用，确定了 150 多个国家作为中国公民旅游目的地，还先后与俄罗斯、韩国、印度、美国等开展“国家旅游年”活动。我们愿与更多国家开展各种形式的旅游合作，举办丰富多彩的旅游活动，让民众参与其中、乐在其中，在美好的旅游经历中播撒友谊的种子。

李克强总理表示，中方愿与各国一道，本着开放、创新、互利、共赢的精神，共同推动全球旅游业包容、可持续发展，推动构建以合作共赢为核心的新型国际关系，造福各国人民。并提出三点建议：

第一，实施国际旅游合作计划，为世界经济复苏加油助力。当前，全球经济增长乏力，需要寻求新动力。旅游作为增长最快、最具韧性的产业部门之一，在促进世界经济复苏中承担着重要作用。据世界银行估算，旅游业每消费 1 美元，可为全球带来 3.2 美元的经济增长。目前，旅游业贡献了全球约 10%的 GDP、30%的服务出口，是名副其实的第一大产业。未来 15 年，国际游客数量将由 12 亿人次增长至 18 亿人次。中国出境游客数量连续 4 年居世界首位，去年境外消费超过 2000 亿美元。为进一步促进世界旅游业发展，中国政府倡议实施国际旅游合作计划，共同营造更加便利的旅游环境。各国应进一步放宽签证政策，简化入境手续，开辟更多直航，为游客观光、购物提供更为专业化、人性化的服务，保护消费者权益。

第二，加强南北和南南旅游对话与互利合作，促进落实可持续发展议程。去年联合国可持续发展峰会通过了《2030 年可持续发展议程》，提出了今后 15 年内实现消除极端贫困、战胜不平等不公正、遏制气候变化三大任务。议程确立了 17 项可持续发展目标，其中 3 项与旅游直接相关。联合国大会还将 2017 年定为“国际可持续旅游发展年”。发达国家应增加官方发展援助和贸易促进援助，提升最不发达国家旅游业发展能力。发展中国家应将减贫目标纳入旅游政策，提高旅游业对青年、妇女、土著居民和弱势群体的就业吸纳能力，确保贫困和边远地区共享旅游发展机遇和成果。中国将在未来 5 年实施 50 个国际旅游合作项目，包括开展旅游资源开发与保护，派遣专家提供旅游业规划咨询，培训一批中文导游和管理人员，提供 1500 个来华人员培训名额。

第三，发挥旅游的和平桥梁作用，为促进各国人民友好交往、和睦相处、开放包容做出贡献。旅游可以加深理解、减少偏见、增进包容，在促进世界和平中有着独特作用。各国应深化多形式、多层次的旅游合作，加深不同民族和文化之间的尊重、包容和理解，为促进人民友好奠定坚实的基础。那些存在隔阂的国家和地区，应放宽人员往来限制，让人文交流为双边关系“破冰”。中国对外开放最早的行业就有旅游业。各国都有责任采取有效措施，应对突发事件，维护游客安全，坚决反对一切针对游客的恐怖行为。

由此可见，出境旅游乃至整个旅游行业作为现代服务业的重要组成部分，作为人民生活水平提高的重要指标，作为小康社会的重要标志，也作为建成小康社会的有效途径日益受到更多的关注和重视。

此外，我国外交部门也在努力改善我国公民出境相关手续办理的难度，从另一个角度刺激和促进了出境旅游的增长。据北京边检官方微博发布的数据，截至

2016年3月7日，我国公民持因私普通护照可以免签或落地签的国家/地区已经达到53个。详细分类说明如下：

1.持护照和订妥座位的联程客票，可以前往与我国互免签证的圣马力诺、塞舌尔、毛里求斯、巴哈马、格林纳达和斐济等国家。

2.持护照和订妥座位的联程客票，可以前往单方面向我国公民免签的国家/地区，包括：萨摩亚、海地、韩国济州岛地区、美属北马里亚纳群岛联邦（含塞班岛等）、英属特克斯和凯科斯群岛、英属南乔治亚和南桑威奇群岛、牙买加、多米尼克、安提瓜和巴布达、印度尼西亚、厄瓜多尔、摩洛哥。

3.持护照和订妥座位的联程客票，可以前往向我国公民提供单方落地签的国家/地区，包括：马尔代夫、印度尼西亚、文莱、科摩罗、帕劳、缅甸、东帝汶、巴林、约旦、阿联酋、老挝、黎巴嫩、尼泊尔、斯里兰卡、泰国、土库曼斯坦、伊朗、越南、埃及、多哥、佛得角、几内亚比绍、科特迪瓦、马达加斯加、马拉维、坦桑尼亚、乌干达、圭亚那、英属圣赫勒拿、图瓦卢、瓦努阿图、柬埔寨、孟加拉国、毛里塔尼亚、阿塞拜疆、苏里南。

综上所述，从我国出境旅游的政策取向看，中国出境旅游政策是基于不同时期经济发展水平以及国内外政治局势的科学研判，适应出境旅游的不同发展阶段要求实施调整的。总体而言，我国出境旅游政策越发趋向于开放及有利于出境旅游的快速、健康发展。

第二章

互联网 + 时代背景下出境游的关键技术

在旅游行业日益成熟的进程中,我国居民的旅游需求也在逐渐增长。国家旅游局的数据显示,2015 年我国国内旅游、出境旅游人次和国内旅游消费、境外旅游消费均列世界第一。境外旅游市场持续火爆,包括澳大利亚、新加坡、美国、加拿大在内的越来越多的国家针对中国游客推出了便利的签证政策,激发起国人更高的旅游消费热情,从而加速中国旅游产业的发展。旅游产业在提升大众生活水平、缓解城镇居民生活压力、拉动内需促进国民消费方面的地位和作用越来越明显。

与此同时,互联网已成为人们日常生活的重要组成部分。据中国互联网络信息中心(CNNIC)2016 年 1 月 22 日发布的第 37 次《中国互联网络发展状况统计报告》显示,截至 2015 年 12 月,中国网民规模达 6.88 亿,互联网普及率达到 50.3%,半数中国人已接入互联网。同时,移动互联网塑造了全新的社会生活形态,"互联网+"行动计划不断助力企业发展,互联网对于整体社会的影响已进入到新的阶段。

此外,网民的上网设备正在向手机端集中,手机成为拉动网民规模增长的主要因素。截至 2015 年 12 月,我国手机网民规模达 6.20 亿,有 90.1%的网民通过手机上网。只使用手机上网的网民达到 1.27 亿人,占整体网民规模的 18.5%。而信息科学与技术和互联网技术也正在快速发展,使得旅游资源无论从价格方面还是内容方面都越来越透明化,旅行者自主获取旅游信息和服务的渠道日趋丰富、日益完善。截至 2015 年 12 月,在网上预订机票、酒店、火车票或旅游度假产品的网民规模达到 2.60 亿,较 2014 年底增长 3782 万人,增长率为 17.1%。在网上预订火车票、机票、酒店和度假产品的网民占比分别为 28.6%、14.5%、14.7%和 7.7%。手机预订机票、酒店、火车票或旅游度假产品的网民规模达到 2.10 亿,较 2014 年 12 月底增长 7569 万人次,增长率为 56.4%。我国网民使用手机进行在线旅行预订的比例由 24.1%提升至 33.9%,如图 2-1 所示。

旅行者对旅游的认识越来越深刻,其消费意识也逐渐成熟。当下的旅行者已经不再满足于被动地接受相关旅行信息,转而采用更加主动的方式采集信息,并更加倾向于个性化、深度体验式的出行。而互联网技术恰好契合了旅行者的这一诉求,因此,大量有着深厚互联网和信息技术基因的旅行服务商应运而生。

在线旅行服务是信息时代的必然产物,也是社会生活受到信息时代变革影响的结果之一。我国的在线旅游服务市场正在快速增长,并且仍然具有强大的发展潜力,是旅游服务行业的重要组成部分。在线旅游服务商的形式是多样化的,既存

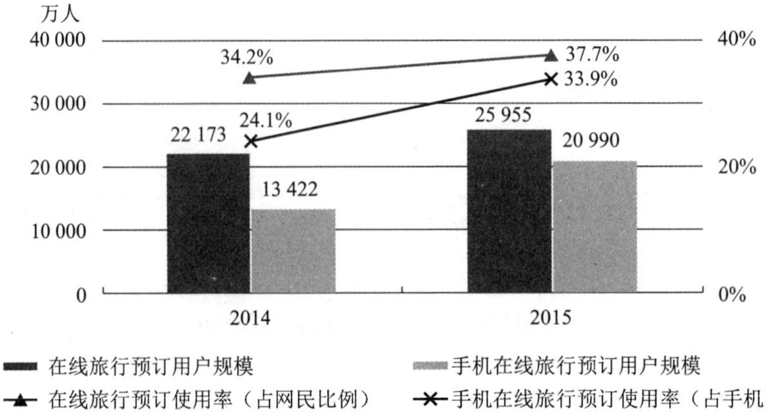

图 2-1　2014—2015 年在线旅行预订/手机在线旅行预订用户规模及使用率

在提供单一旅游产品或单一服务环节的专业在线旅游服务提供商，也存在贯穿于整个产业链或是设计“食、住、行、游、购、娱”多个方面产品与服务的综合性在线旅游服务提供商。旅游行业已经逐渐进入到线上线下融合发展的新阶段，衍生出涵盖行前、行中和行后的更加丰富的线上旅游商业模式。

一方面，在线旅游服务提供商的出现为现代旅行者旅游行为的变革与发展提供了契机与平台。随着人们旅游经验的不断积累，现代旅行者对于旅游的需求呈现出个性化、定制化的发展趋势，在线旅游服务提供商的出现使得旅行者获得信息的渠道突破了时间和地域的限制，旅行者能够看得更远、更广，消除了信息的不对称，在线旅游服务能够为旅游消费者提供更多的选择、更便捷的购买方式。另一方面，在线旅游服务的出现也使得旅行者实施旅游行为的过程更加复杂，目前的在线旅游服务已经涵盖从需求产生到实施购买的旅游消费者各个购买决策环节，在线上旅游服务的帮助下旅行者从新的渠道获取信息、预订产品、评价反馈，整个购买决策过程变得更加多样复杂。

同时，互联网技术、信息技术和在线旅游服务对于旅游行业的影响不仅仅局限于旅行者，它们同时为旅游研究者提供了新的研究方法和分析技术，为研究者开展更加精准的研究提供了基础支持。在与用户交互的过程中，信息系统可以记录留存海量的交互数据，对于这些数据的分析无疑可以加深在线旅游服务提供商对于旅游消费者消费行为的理解，为其提升产品研发、客户服务等能力提供新的渠道和推动力量。

本章将对互联网+时代背景下在线旅游服务提供商在出境游行前、行中和行后三个环节为旅行者提供的技术服务进行简要的描述。

一、互联网+时代出境游的关键技术——行前

在互联网+时代背景下,在线旅游服务提供商提供的行前服务主要包括信息搜索和预订等。

(一)信息搜索

信息搜索是游客购买决策过程中的首要步骤之一,即只要个体意识到他们需要作出旅行决策,信息搜索行为就会随之发生,而信息则会进一步影响个体的系列消费行为。在互联网技术兴起之前,旅游消费者主要通过亲朋好友、报纸杂志等渠道来搜集决策所需的信息,此时旅游消费者信息获取的方式比较单一,并且获取到的内容相对有限,信息获取的成本较高。互联网技术和信息技术的快速发展大大提高了旅游消费者搜寻信息的效率。

当前,常见的搜索方式包括使用搜索引擎获取目的地的基本信息,如:地理位置、气候、人文宗教习俗、饮食情况及目的地基本信息等。也可通过旅游虚拟社区,如穷游网、蚂蜂窝等,以及点评网站,甚至博客、微博等渠道获取详细的出行攻略、旅友游记、经验分享,及旅游产品或服务的相关信息等,快速积累起旅行者的旅游经验。

此外,随着互联网应用越发成熟,短视频等方式也成为借助网络获取目的地信息的重要渠道之一。例如,喊你玩网联合优酷推出了系列视频《小熊喊你玩》,以旅游微视频的方式围绕热门景点、餐厅、攻略等主题,将韩国原汁原味的当地美食、旅游攻略等信息推介给国内用户,发现潜在用户。该视频系列一周一期,现已推出四十余期,目前播放量已累计超过两千万次,既创新了推广营销手段,又丰富了旅行者获取旅游信息的方式和渠道。

一方面,在线旅游服务的出现与发展,使得现代旅游消费者能够迅速、便捷地从在线旅游服务商处获得更加全面的信息,加上多样化且操作简便的信息处理功能,现代旅游消费者更加倾向于通过互联网及信息技术的渠道获取信息;另一方面,旅游信息获取的低成本性,让现代旅行者开始从信息的被动接受者向主动获取者转变,主动搜索相关信息成为了互联网+时代背景下旅游消费者最明显的特征之一。

(二)旅游产品预订

1997 年由中国国际旅行社总社与信息服务提供商、策略投资机构共同投资组建的华夏旅游网的成立,以及 1999 年由携程计算机技术(上海)有限公司创办的携程旅行网的开通拉开了我国旅游电子商务在线旅游服务的序幕。社会生产力的发

展、社会文化的变迁,以及旅行者旅游经验的积累和旅游目的地的成熟促使人们开始寻求高自由度、多样化、个性化的散客旅游、自助旅游等形式,部分依靠或者完全不依靠旅游中间商安排的新兴旅游形式逐渐兴起。互联网作为一个成本相对较低、传播面较广的销售渠道受到了广泛的关注。因此,携程、去哪儿等综合型在线预订平台,以及航空公司、酒店、旅行社等自建的直销预订平台纷纷加入到在线旅游服务队伍当中来,使之成为了电子商务行业中成交量和交易额最高的领域之一。旅行者可以通过这些平台完成所有或部分旅游要素的采购工作。

同时,随着旅行者不再满足于千篇一律、高度同质化的出游方式,以及旅游行业在垂直细分领域的进一步发展,除了传统的机票、火车票、酒店等产品预订之外,在线旅游服务提供商为旅行者提供了日益丰富多样的产品预订,诸如:目的地特色化碎片化产品预订、用车服务预订、民宿预订、个性化定制服务预订等,使得旅行者的需求可以得到更好的满足,服务体验进一步提升。

二、互联网+时代出境游的关键技术——行中

当旅行者置身于不太熟悉的境外时,互联网+时代背景下的信息技术将从各种细微之处有效提升旅行者的出行体验。

(一)地图服务

移动客户端地图类应用程序将帮助旅行者在陌生的旅行目的地快速定位目标地点,并制定有效的抵达措施。多数地图类移动应用都支持行车路线、公交路线、路况信息以及周边商户信息的查询,同时,在提前下载好离线地图的前提下,应用卫星导航定位和离线地图功能可以实现低开销的地图服务获取。境外常用的地图类应用包括:谷歌地图、旅行圣经 Lonely Planet 等。

(二)语言翻译服务

境外旅行的过程中,语言往往是有效沟通的障碍之一。语言及翻译类移动应用程序可以帮助旅行者快速克服这一障碍。常见的翻译软件有谷歌翻译、金山词霸、有道词典等,可以翻译 60 多种语言的字词和短语。对于大多数语言,可以在读出短语或词语之后得到相应的翻译结果。

同时,翻译类的移动应用软件还提供图片翻译。在境外旅行过程中碰到因语言问题而无法识别的路牌、菜单、打折信息等,都可以通过拍摄照片利用图片翻译软件进行翻译。此种翻译软件同样能识别多种语言。如,常见的 Read for Me! 可以识别超过 30 种语言。

（三）旅游攻略、指南服务

旅行者在出行前往往会参考并制作攻略，但是攻略的信息量较大，如果采用传统的纸质方式作为载体，不仅厚重而且不易保管和携带，还不环保。旅游攻略类移动应用程序可以将大量的攻略信息以电子化的手段保存在手机或平板电脑等移动客户端中，既便于携带和使用，又解决了环保的问题。当前，国内知名的旅游网站、社区如蚂蜂窝、穷游网等都有此类应用。它们可以便捷、实时为旅行者在“食、住、行、游、购、娱”等各个方面提供事无巨细的参考意见，有效提升旅行体验。

（四）汇率换算服务

境外旅行时的汇率换算问题常常让旅行者感到颇为麻烦。当前，汇率换算类应用软件，如 iMoney 等，可以为旅行者提供 32 种常用货币的换算，大大简化了支付和兑换的麻烦。

（五）用车服务

蚂蜂窝旅行网联合租租车发布了《2015 中国出境自驾游报告》。根据报告统计，2015 年，中国互联网境外租车市场交易规模达到 131.3 亿元人民币，2016 年交易规模将环比增长 88.6%。持中国驾照已可在全世界近 180 个国家和地区租车自驾，出境自驾游成为高层次旅游需求群体的出行风潮。

据蚂蜂窝旅行网发布的《2016 春节自由行趋势报告》指出，选择春节期间出行、“在路上过年”的中国人已超过 40%，其中出境旅游预计超过 600 万人次。当国人从走马观花的跟团游转向自主安排行程的自由行，出境自驾游逐渐兴起。境外租车从传统的门店租车到跨境在线预订，再到租租车、蚂蜂窝旅行网等一站式出境自驾游/自由行服务平台的出现，标志着自由行出境自驾游租车进入 3.0 时代。如今，出国游租车预订、行程安排，甚至是回国后保障都可以在租车服务平台一站式搞定。

2015 年，出境自驾游人次同比增长 130%，租租车平台境外租车需求同比增长约为 600%。中国出境游客如今可以简单快捷地通过蚂蜂窝、租租车等互联网平台预订境外租车及增值服务。

除此以外，互联网+时代下的信息技术还可以提供诸如天气预报、航班信息报告等一系列常用的旅行便利服务，以及旅行者直观感受不明显的诸如客流量采集与分析、旅行者行为喜好分析等一系列智慧化管理手段，在旅行者的出行体验提升、旅游服务质量的提升方面发挥了巨大的作用。

三、互联网+时代出境游的关键技术——行后

旅行归来之后，部分旅行者会对出行期间的各种服务进行评价，并通过分享游记和经验的方式记录旅行历程。既可以作为出行纪念，又可以为后来者提供有价值的参考。

一方面，在线旅游服务提供商可以根据旅行者的反馈对其所提供的服务进行评价和梳理，继续发扬长处、改进不足，不断提升客户体验。同时可以对大量的反馈数据进行挖掘和分析，开发出更加符合旅行者需求的产品，以促进销售。

另一方面，旅行者们也更加信任旅友们的亲身体验和评价。旅游虚拟社区，以及在线旅游服务提供商提供的评论、分享与互动版块等通过旅行者的游记、攻略和互动等功能将更广大范围内的旅行者联系起来，为旅游产品和服务提供了免费的市场宣传和客源，网络口碑的力量将会对旅游营销产生越来越大的影响与作用。

第三章 优秀企业案例

案例1　海　玩

一、企业简介

海玩成立于2013年,总部位于北京,是国内首家全球当地旅游产品的直销平台,专注为中国人打造高性价比的境外吃、喝、玩、乐服务,提供当地旅游的一站式解决方案。

海玩创始人为前12580商旅公司的总经理孙润华,以及前到到网(TripAdvisor)销售总监龚届乐。海玩现有员工120余人,2014年2月份完成A轮融资,2015年6月完成了B轮融资。企业网站是:http://www.haiwan.com/。海玩的网站主页如图3-1所示,图3-2为海玩的LOGO。

图3-1　海玩网站主页

图 3-2　海玩 LOGO

海玩致力于让每位旅行者轻松变身海外玩家——花更少的钱、感受更便捷的预订、获得更好的体验，在每段旅程中胡吃、海玩、尽兴而归。作为面向自助旅行市场的专业平台，海玩拥有丰富多彩的境外当地旅游产品，公司产品与服务覆盖全球各大洲 200 多个目的地，包括南极和北极。在海玩的门票、玩乐、美食、交通、境外参团等各大分类中，都可以找到全球人气最旺的旅游产品。图 3-3 是海玩依据各大洲进行目的地导航的菜单页面。

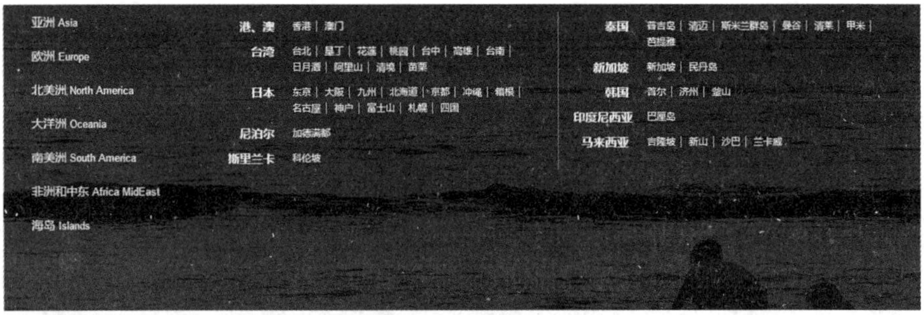

图 3-3　目的地导航的菜单页面

不同于一般的在线旅游电商，海玩并不销售传统印象里的机票、酒店和旅行团产品，而是聚焦于帮助中国人到了海外之后，享受当地优质的吃、喝、玩、乐服务。随着国人境外旅行经验的增长和消费水平的升级，越来越多的旅行者已经不再满足于只是去出国看风景、拍照片，而是开始根据自己的偏好，寻找独特的海外游玩体验：在艺术之都纽约看一场百老汇的演出、在美食之都巴黎吃一顿地道的法餐、在皇后镇乘坐直升机登上万年历史的冰川，已经成为新一代旅行者的强需求——海玩想满足的，正是这种更为个性化、因而对供应端也更具挑战性的需求。海玩的旅行产品专家足迹遍布全球四十多个国家，亲身探访当地各类特色活动，并直接和资源提供方签约合作，保证了中国旅行者可以用合理的价格轻松享受到最地道的当地特色体验[1]。他们面向出境自由行人群，提供目的地"活动""门票"以及"线路"三种旅行产品的预订，覆盖了全球绝大多数热门旅游城市。除了当地产品的预订以外，海玩还提供出境机＋酒套餐的"闪购"，着力为客人打造"出境自由行特卖会"的体验[2]。

二、创立源起及构想

图 3-4　海玩董事长兼 CEO 孙润华（左）COO 龚届乐（右）

在创立海玩之前，创始人之一龚届乐（见图 3-4）在酒店业做了 12 年互联网营销，他曾在多家大公司任职，见证了它们一步步的崛起，也积累了丰富的行业和管理经验。2013 年，刚刚从创业公司出来的龚届乐和老朋友、12580 商旅公司的孙润华（见图 3-4）一次聊天，萌发了共同创业的想法：俩人都喜欢自由行，出去玩从来不跟旅行社。他们决定各自出国旅游，看看旅游市场有什么痛点和机会。润华去了纽约，打算看著名的妈妈咪呀，发现即使当地人也需要提前很久才能订到票；阿乐到了迈阿密，想玩玩当地的水世界，但是在寻找的过程中，没有发现一个能够提供目的地一日游门票或者订餐的中文网站，这一点给他留下了很深的印象。回国后两人在交流旅行见闻与感受时发现：国内好像没有任何一家互联网公司能够提供购买目的地产品一日游门票之类的服务。在做完详尽的 market research（市场调查）之后，他们共同创办了以技术和目的地采购为核心驱动的旅游类电子商务公司——海玩。

谈到创业动机的时候，阿乐说道："现在是一个创业的大潮，各方面机会都很

① http://www.cyzone.cn/a/20150605/275858.html，引用自创业邦。

② http://36kr.com/p/211685.html，引用自 36Kr。

多，只要你准备好了，我觉得创业没那么难，但是一定要准备好。因为在旅游行业是需要很多的积累的，像我和润华都是40出头的人了，在大型公司里面工作过，有很多的经验，明白公司的管理，然后又实操过一些业务，又在创业公司里面干过，像我在拉手里面干过，从300人干到6000多人，和资本也有了接触。像这样资源到位了，管理还有业务能力也到位了，人脉等各方面也都到位了，然后创业其实就变得没有那么难了。

前提一旦满足，也就自然会有资本。因为资本市场在五年前和现在是完全不一样的。市场上有很多钱，只要你的人有能力，想做的事情能够被看好，应该说机会还是很大的。我们就是要把互联网海外目的地这件事情做起来，我们就是希望成为全球最大的整合海外目的地的电商。”

三、发展大事记

1.2013年10月，海玩正式成立。

2.2014年1月1日，海玩获得梅花天使创投。

3.2014年7月12日，海玩获得红杉资本/源码资本投资，完成A轮融资。

4.2015年6月5日，海玩获得源码资本/天图资本/红杉资本投资，完成B轮融资。

四、商业模式

（一）核心竞争力

现阶段在国内铺设全球供应链的网络公司是非常非常少的，并且海玩的模式是很新颖的。传统的旅行社的一般模式就是找一个当地DMC，类似于华人的地接社。让地接社去采购景点门票，活动和其他资源。所以传统的旅行社是不需要自己去国外找第一手资源的。而海玩采用了一种非常新颖的商业模式。海玩做的是跳过中间商，直接去找第一手资源。第二个传统旅行社做不了的就是技术。海玩有着很强大的技术背景，海玩创始人之一孙润华就是程序员出身，最早是用友的技术总监。总的来说，传统旅行社搞不定技术这方面，互联网公司又搞不定旅游这一块。这样一比较的话，海玩在这个行业中就体现出了独特的基因。

海玩有着两个最大的特色：一个是自由、无计划；另一个是产品的多样性、快速预订、完美服务。用一句话形容海玩是什么呢？那就是：“海玩是自由行的京东。在出境自由行领域，海玩是品质、安全、高效的代名词。跟京东一样，海玩代表了中产的文化和价值取向。”

作为一家科技公司，海玩的核心竞争力之一，就是通过技术的模式，让用户能够非常快速地实现各项体验：第一，能够找到；第二，能够选择；第三，能够预订。当然所有这些都是基于互联网大数据。当对用户的了解越来越深的时候，海玩就可以通过用户的习惯和兴趣，向用户进行推荐。海玩对用户越来越了解，就能为用户延伸更多感知的方向、提供更好的互动流畅性，用户体验就会更棒。

海玩只做海外目的地，并且海玩是一个电商公司。核心竞争力就是海玩通过网络，整合全世界各种各样的目的地活动资源。海玩是“京东”，海玩做”物流”。海玩做的是快速响应，海玩要把服务做好，让用户能够在海玩上面找到很多精选产品，有即时预订的能力。最好能把整个供应链变得顺畅无比。所有的产品都是海玩通过精挑细选、根据中国游客的消费习惯细致打磨过的。对于出境自由行客人来说，像这样优质选项多、服务周到、响应速度很快的海玩，理所当然会成为不二之选。

（二）主营业务

目前海玩销售的主要是全球热门旅游目的地的产品，包括门票、玩乐、美食、购物、交通、境外参团等六大类。另外还有很多个性化产品，不管用户是想到伦敦的华尔道夫享受个下午茶，还是想到米其林餐厅大厨的家里跟他一起烧菜，或者旅行路上任何的突发奇想，只要是你能够想得到的，海玩就一定能够找得到，并用最安全、快捷的方式呈现在中国消费者面前。

（三）赢利点

对于互联网创业公司来说，作业流程主要有三个维度。第一个叫作引流，就是入口。像蚂蜂窝、穷游和百度都是做流量的，是流量入口。但是流量进来以后，还需要把流量变成钱。所以第二个维度叫作供应链整合，海玩现在正在做的事情就是整合供应链。海玩先把各种各样的资源整理到海玩的平台上来，等流量进来以后，就可以落实到产品上面，用户就可以通过海玩的平台来购买产品。在购买到相应的产品以后，就到了用户体验产品服务的过程。这也是三个维度中的最后一个，叫作服务，也可以称作是服务的呈现。所以海玩的选择就是在这个当中的位置——整合全球的供应链：任何一家供应商进来合作，海玩就会给你一个类似于滴滴打车服务端的东西，让供应商成为海玩的服务商，然后海玩会把商家的服务连接到海玩的网络里面来，建立起一个全球的旅游碎片化产品的网络。

举个例子，如果提供服务的商家是一家热气球公司（一般来说，热气球公司本身的销售能力不强），他们便会委托像海玩这样的第三方来销售自己的产品，当然这也就需要他付一定佣金给海玩，从而构成了海玩的一个赢利点。当然，不同的产品，会有不同的合作方式和毛利率。

海玩的目标是在全球开很多很多分公司，现在已经开了八九个，在2016年海玩计划开20到30家。到了2017年，海玩准备使分公司数量达到150到200家。最终，海玩大概会开500家分公司。这些分公司到当地洽谈当地各种各样的吃喝玩乐产品，包括门票、一日游、各种活动、各种特色餐饮、各种接送机等，海玩的工作就是把各种各样的东西通过技术连起来。任何一家供应商进来都可以和海玩合作，成为海玩的服务商，然后海玩就把这个商家的服务连接到自己的网络里面来，帮助其销售产品。有了这些全球碎片化产品的资源，海玩就可以利用互联网，把整个行业编织起来。服务商入驻到海玩的平台中来，海玩帮助服务商销售产品，海玩从中获得收入。所以只要用户在海玩上面订购一个产品，海玩就能获得一笔收入。

海玩的价值在于“直销”模式——通过前往当地直接找到当地的资源方，比如旅游产品供应商或者DMC（目的地管理公司），直接对接当地产品和服务提供方，从而避免供应链条中间方的层层加价，让最源头的供应方和最终端的用户都能得到更大的利益。所以海玩的用户越来越多，销量越来越大，海玩的赢利能力便会越来越强。

（四）市场定位

海玩做的是目的地旅游产品。海玩希望在横向上做全——横向覆盖全球所有热门景点的活动。海玩创始人孙润华说：“这么做部分因为出境游客人获取成本很高（用SEM[①]方式获取用户，每个用户成本要一至两千），而国人出境游的频次还不是很高（每年一至两次），所以我们希望通过覆盖不同目的地产品来使一个用户可以发生多次消费。”

（五）营销模式

对于海玩来说，现在最需要做的不是营销，而是把供应链整合好。所以海玩会花1到2年时间重点进行海外供应链的整合，需要进一步优化海玩的供应链和交易流程。还有就是做一些渠道，现在海玩和一些大的网站，比如携程、淘宝等有一些合作。通过这些平台，海玩也在校验自己的供应链。当海玩把全球的供应链整合好以后，就会去花很多的资金去做营销。现在海玩很少做媒体广告，主要是靠口碑传播。当一个用户觉得体验好，就会向身边的朋友推荐。当然这只是阶段问题，在未来媒体广告海玩是会做的。目前海玩只想专注一个方向。其他的公司觉得海玩的模式很不错，对于他们的战略体系有帮助，这其实只是其中一面。反过来说，要海玩去做他们的生意，就显得没有多大的意义。所以海玩会一直坚持做一个方

① 搜索引擎营销：英文 Search Engine Marketing，我们通常简称为“SEM”。

面:整合海外碎片化供应商,优化产业链。

五、企业发展面临的问题

人才:其实海玩是不好招人的,因为应聘者需要有真正的国际视野,产品选择、质量把控能力和很好的语言水平。现在在海玩做业务的基本都是海归,其他服务层面虽然不一定要海归,但是希望能够找有旅游业背景的人或者是从旅游学院毕业的人,因为那样他才对旅游业有理解和热爱。所以人才对于海玩来说,是企业发展的一个关键点。找到本身爱玩,又对旅游行业有热爱、有憧憬,还有一定经验的人,是件有难度的事。

竞争:对于海玩来说面临的另一个问题就是竞争。虽然中国的创业环境不同于外国,没有那么激烈,但是一旦你什么东西赚钱了其他人进来了,竞争就激烈了。就像去年我们刚刚拿到 B 轮投资的时候,一些和海玩类似的公司已经做了 A 轮了,但是他们做的是一个点,而我们做的是全球,这样的话对于某个具体区域我们就面临着很大的挑战,所以我们就必须要拿出更好的策略,保持优势地位。

六、企业未来发展规划

对于出境旅游攻略,消费者既需要有关于当地景点的深度详解攻略,也需要关于交通、Wi-Fi 等刚性需求的资讯。目前大部分攻略能够满足用户 80%的出行需求,剩下的 20%需求,要求更大的广度和深度。而出境游目的地的产品,也拥有 20%的待开发空间。越来越多的目的地资源商正在朝着这个方向努力,依据用户的个性化需求来制定更加贴切的产品。海玩也在这条路上不断努力着。

如今海玩已经覆盖了中国公民出境旅游的绝大部分目的地,其中亚太、北美洲和欧洲是其发展的重点。

尽管海玩在目的地深度游上有着先天的优势,但出境游用户始终避不开交通、通信、门票等前端门槛。海玩的盈利模式也是希望用这些出境游标准化产品线吸引用户,然后引导用户购买更多深度的目的地体验产品。因此,如何让从入口进来的有限用户最大化地消费当地产品,是海玩一直希望解决的问题。

突破传统的思维定式,不再是简单的观光游览,而是让消费者在旅游当地尽可能多地消费,是资源商最终的目的①。

在未来的几年发展中,海玩都会坚持做一件事情——整合全球各种各样的旅

---

① http://jnsb.jschina.com.cn/html/2015-05/21/content_1254407.htm,引自《江南时报》。

游资源，扩大平台。还有就是海玩的远期目标之一，就是到了一定阶段，海玩会开始将用户拓展到全球市场，到时就会出现海玩英文站、海玩法文站。海玩的基因里就是一个国际化、全球化的互联网公司，海玩就是要把全世界各种各样的目的地产品卖给全世界各种各样的人。

随着国内经济的发展，在目前国内的自由行市场正在萌芽和发展的阶段，人们对于外出旅游必须要跟团的想法也在慢慢发生改变。在不久的将来，大部分人的旅行方式会从传统转变到自由行。所以当自由行在国内市场变成主流，海玩又在国内市场做得很大的时候，用户没有理由不选择海玩。

当海玩具备一定市场资本，就会开始做全球市场，然后慢慢地开拓不同的市场，最终成为全球最大。

七、创业者启示摘录

在对的时间、有一个好的团队才能成就一个成功的公司。所谓运气就是你需要在对的时候去创业，你要在所有人都畏惧创业的时候去创业。你要找到一个非常非常细分的点叫支点。把一件事做到无比锋利，没有人再敢跟你打的时候，再去想做其他事情。就是对的时间找到一帮对的人来干一件好玩的事。

支持一个团队最重要的是信念、目标、信仰。只有你真的去相信一件事情的时候，你才会对这件事坚持下去，勇往直前。还有就是一个团队内部需要不断地学习与分享，这样才能保证不会被快速发展的社会淘汰。

创业者需要具备的条件：我觉得每个人都能创业，只是方式不同。你开个小卖部也是创业。只是定位问题，你要做一个多大的事情。有多大的能量，去感召多大的资源，来帮你成就多大的事。所以你具备任何的能力，都可以创业。唯一的信念就是你敢不敢。然后做一个与自身实力相比有一些挑战的事情，但是这中间就有一个权衡。如果你觉得开个小卖部，一个月赚个 2000 块，还不如去打工，这就是比较问题。

你只要坚持你的梦想，就一定会有机会。所以在创业过程中我坚信海玩一定会成功。当初很多公司就是没有坚持住，从几千人裁员到一千人，他就认为自己死了。如果是我的话我就继续裁员到 500 人，到最后哪怕只有 3 个人我也不放弃。当别人认为这个市场不好的时候，认为这个公司死了以后，他自己也就放弃了。放弃了就什么都没有了。重要的一定是坚持，只要公司还在就有机会翻身。

——龚届乐

互联网的本质是：苦练内功，不要花活。

互联网本质是去中介化，我们所做的是直销目的地，减去了批发商的层层分销，无论是给消费端还是资源端都带来了利益。海玩在去年用3个月把大阪环球影城一年的分销量全部卖掉，这让他们的总经理又惊又喜，而对于我们来说，这一切的数字既出乎意料，也在情理之中——这不正是我们最初所希望和预期的吗？这不仅仅是我们的力量，消费者的力量，更是新模式的力量。当然，这还仅仅是“海玩”在初创阶段释放出的能量，未来的想象空间真的就看我们的眼界有多宽，心有多大，速度有多快，毅力多坚强！

“海玩”之所以受供应商欢迎，是因为供应商之前占据一个很长的产业链尾端，他们的利润空间受到压榨，而且得不到一手的客户反馈。我们把消费者拉到他们面前，直接反馈市场问题给他们。互联网的快速迭代、快速更新和改进能够有效地帮助供应商更新产品，改进服务。同时，也帮助他们赢得更多的市场，赚到更多的钱。毫无疑问，未来供应方会越来越专注于服务精深化和品牌价值化。而在这个过程中，我们是在帮助多方实现共赢。应该说，这也是每一个成功企业必须拥有的、兼济天下的胸怀和敢为天下先的气魄！

现阶段，中国的旅游产业中，酒店和机票都经过了去中介化的历程，而目的地资源还基本被旅行社掌控，OTA的销量尚不足1%。但有组数据显示，去年1个亿的出境人次中只有超过三成是跟团游，特别是一线城市的自由行刚性需求正在释放。未来几年，目的地去中介化的演变过程和速度一定会超出人们想象。

从过去的发展历史看，每次都是整体市场还是“竹外桃花三两枝”，而互联网的市场早已“春江水暖鸭先知”。所以，我会带领着我的伙伴们，一路欢声笑语去拥抱，去玩耍，去战斗，去享受！希望有一天，我们可以在世界的某个角落邂逅，你会兴奋地抓着我的肩膀说，你们的产品真的太酷了！我想，那个时候，我们每一位产品经理，每一位“海玩人”都会说，谢谢每一位玩家，感谢你们感受到了“海玩人”不忘初心的那份真诚和激情①！

——孙润华

① http://lohas.china.com.cn/2015-03/03/content_7716854.htm，引自乐活中国。

案例 2　喊你玩

一、企业简介

喊你玩成立于 2014 年 10 月，是一家境外精选民宿预订平台，为出境游用户提供世界各地精选民宿以及安全、个性化的住宿体验。在这里发现世界必住的精选住宿，体验原汁原味的当地文化，邂逅世界各地有趣、好玩儿、充满活力的旅行朋友。出国住民宿，世界喊你玩！喊你玩的官方网页以及 LOGO 如图 3-5 所示。

和 Airbnb 纯粹 C2C 房源模式不同，喊你玩平台上更多是提供标准化服务的职业 B 端供应商，如民宿、客栈、青年旅舍、温泉酒店、度假村等。

（a）官方网页

（b）LOGO

图 3-5　喊你玩的官方网页以及 LOGO

之所以不去追逐大热的“共享经济”理念，喊你玩的观点是 Airbnb 的 C2C 房源使用门槛太高，国人在不论是预订的流程方面还是生活习惯、语言等方面和欧美还是有很大的差异，另外入住过程中的舒适度与安全性也是一大难题。喊你玩想要探索符合“中国特色”的非标准住宿市场。

二、创业源起及构想

2003 年，韩剧《大长今》在中国热映，中国的广大消费者第一次在荧屏上见到了韩屋——韩国传统房屋建筑。近年来，韩流入侵中国，韩国成为最受中国人青睐的境外旅游目的地，以韩屋为代表的韩国民宿也成了众多国内游客追捧的住宿选择。民宿、客栈、温泉酒店以及韩屋这些极具韩国旅游特色的非标准住宿，开始进入了创业者们的视野。喊你玩就是看到了这点，所以将自己的业务重心放在了韩国市场的特色住宿上①。

2012 年中国的出境游刚刚兴起，这时创始人刘腾飞正在韩国上大学。身边有很多国内的朋友想到韩国旅游，想到韩国玩，但是又不想跟团，希望他给介绍一些当地的朋友作为兼职导游来带他们玩。他意识到这是个很不错的商业机会，所以他组织了周围的一些留学生和当地的一些导游为到韩国旅行的游客提供服务。他搭建了一个网络平台 OMG(Oh，My Guide)，把韩国当地的留学生、当地的专业导游、当地的华人放到平台上，对接国内有出境游、出境自由行需求的这一部分人。慢慢地成为了韩国当地最大的导游 P2P 服务平台，这也是他在在线旅游方面的第一个创业项目。当他毕业时，项目已经做了一年多，这个项目发展得很不错，一年有几百万的流水，并且也是韩国第一家做 P2P 导游预订服务的。

虽然一年有几百万的流水，但是当地人的服务太不可控，尤其是服务很难标准化、兼职导游流失率太高等问题突出。通过每天在线上跟用户不断沟通，刘腾飞发现用户问得最多的问题就是，“有没有一些特色的民宿推荐?”随着需求的增加，刘腾飞意识到，更偏刚需的民宿预订，在目的地市场比当地人导游模式更容易做，且是一个可能做大的领域，因为对比国外来看，住宿预订市场从来都不是一家独大，除了 Booking、Agoda，也存在更细分的平台，比如 HomeAway、HostelWorld 等。出境游人群结构已经发生深刻变化，由 60 后、70 后高端人群倡导的享乐、度假型旅游已经变成了 80 后、90 后主导的体验化、个性化旅游。2015 年出境游人群中 80 后、90 后人群已经超过了 60%，这部分用户对价格敏感，愿意深入当地体验更有特色的住

① 资料来源：新浪网，http://nmg.sina.com.cn/news/shenghuo/2015-10-21/152959376.html。

宿体验，或者说想体验一些当地的特色、当地本土化的一些东西，更加自由，更加不受拘束。值得注意的是，民宿不仅是住宿刚需的一个细分，它还可以是当地生活的缩影，为用户提供吃喝玩乐信息、社交的“集散地”。在分析了用户的消费行为之后，他决定砍去其他的长尾产品，将目标锁定在特色住宿项目上。

三、发展大事记

（1）2014 年 10 月 25 日，北京天下旅行科技有限公司注册成立。

（2）2014 年 12 月 1 日，获得信天创投 300 万天使投资，开始组建国内团队。

刘腾飞 2014 年 10 月份回国，先后参加了几次投资人的线下聚会活动，认识了一些投资人。毕竟他有一个两年左右的创业经验，有数据支撑，对于未来又有一个比较清晰的认识，所以拿投资的时候并不是特别困难。整体来说比较快，一个多月就拿到了天使投资。

由于他之前一直在韩国创业，所有组建的团队都在韩国，而国内团队是从拿到了天使投资后开始组建的。做互联网创业必不可少的就是技术，所以刘腾飞就开始找技术合伙人。通过天使投资人蒋宇捷的介绍认识了现在的 CTO 杨洪兵。杨洪兵毕业于西安交通大学，曾参与了中国移动飞信项目的核心研发工作，并曾在乐视网担任高级技术总监。

（3）2014 年 12 月 20 日，入驻中关村创业大厦金种子创业谷。

（4）2015 年 2 月 4 日，在线旅游首个微视频旅游攻略《小熊喊你玩》上线首播。

（5）2015 年 4 月 25 日，喊你玩官网上线。

（6）2015 年 5 月 2 日产生第一个订单。

这个订单来自于广东的一个女性用户，5 月 2 日晚十点左右下的订单，这笔订单令他们整个团队都兴奋不已，并且这是在产品刚刚上线，没有做任何推广的情况下下单的。用户能找到他们，还信任他们，给他们一千多块钱订了国外的住宿，使得他们特别的兴奋，印象也特别深刻，令他们有了被用户认可的感觉。他们在年会中也反复地强调这是能入选 2015 年公司十大瞬间的事。

（7）2015 年 11 月 5 日，喊你玩正式上线日本民宿产品。

（8）2016 年 3 月 29 日，喊你玩入选洪泰 AA 加速器 2 期并获战略投资。

四、商业模式

（一）核心竞争力

刘腾飞在采访中提到：“核心竞争力不是由一个点组成的，核心竞争力是别人做不到的而我能做到，别人提供不了而我能提供的或者是别人给不了用户而我能给的。所以综合这几个方面来说，核心竞争力不是说，这座山让你包了，别人就开采不了，这就是你的核心竞争力，因为现在你没有这个资源垄断优势。我们去国外民宿合作，签订了两千家，但是后面还会有人去谈合作的，意味着这两千家不是我们独家的，或者说别人就永远接触不到的，这个构不成核心竞争力，我们认为的核心竞争力就是一点一点累积下来的才叫核心竞争力。比如我们很注重用户体验，用户在订了我们的民宿之后，我们会提供一个24小时管家服务，这个管家就是定住民宿的管家服务。客户在旅行的过程中遇到了任何问题，可以通过我们的微信服务，随时找我们的客服去沟通。比如说客户去吃饭，但是不知道这个菜单怎么点菜，客户就可以拍个照片传给我们的客服，客服两分钟之内就可以回复你，帮你翻译，告诉你该怎么点菜。而且在用户下单之后我们会给用户寄一个小礼物，礼物包括当地旅游的一个交通手册。对于自由行的用户（只要是订我们民宿的用户都是自由行的用户），我们会寄出一份我们自己编撰的手册，这个手册中包含了首尔的十种玩儿法，这十种玩儿法其实已经包含了所有的玩儿法了，用户可以选自己喜欢的，按照我们给出的攻略，自己去玩。并不需要用户提前去做任何攻略。”

喊你玩的产品控制是和旅游发展局一起合作的。从民宿步行到地铁站必须是十分钟到十五分钟之内的，因为作为一个民宿，如果在很偏远的地方或者是在一个交通很不方便的地方，那么会给自由行的用户或出国行的用户带来很多麻烦，带来不便。所以喊你玩和韩国旅游发展局合作，得到了民宿名单，这样就可以优先地把条件良好的民宿提供给用户。而且旅游发展局会给民宿一个认证，这个认证叫GoodStay。GoodStay必须是有能力接待外国用户，然后服务还必须达到一定的标准（标准是旅游发展局给定的），只有达到标准的民宿才会授予牌照。考虑到中国用户的消费习惯，这种民宿精选模式更容易被用户接受。韩国总共有一万多家民宿，喊你玩是不会把一万多家民宿都提供给用户的。他们认为做品控的不是越多越好，而是越精越好。喊你玩对于品控比较严，必须是符合交通便利条件、得到旅游发展局认证的民宿，才会被喊你玩提供给用户。他们的核心竞争力就是这样日积月累的，并不是某一个点就是他们的核心竞争力，与以前的商业模式不一样。刘腾飞认为B2C民宿模式将是喊你玩的差异和竞争力所在。

Airbnb是C2C模式民宿（淘宝模式）。

喊你玩是小B民宿（京东模式，精选民宿平台）。

对于出境游用户来说，SKU并不是痛点，服务才是。

对于一个第一次去济州岛的用户来说，提供1万套民宿和提供1000套服务有保障的精品民宿，我相信大部分用户会选择后者。

举例：Uber 在美国切入的是顺风车市场，而 Uber 的模仿者滴滴打车在中国市场首先切入的却是 B 端出租车市场，从而得以在创业之初规避各种不确定的政策风险，迅速发展成为百亿美金的公司。我们认为不能一味地模仿，照搬国外模式，而要依据中国消费者的属性做适合中国消费者的产品和服务。C2C 民宿面临服务达不到标准化（如用户需要和房东单独联系，平台上绝大多数为二房东等）、安全问题等各种问题，对于出境游的中国用户来说使用门槛太高，并且体验不稳定，辛苦攒了半年的钱出国玩，如果遇到极差的住宿体验整个行程几乎要毁掉。

（二）主营业务

（1）境外精品民宿预订服务。

（2）围绕境外民宿构建境外目的地生活消费入口。

住宿类供应商数量多、安全性高、和游客的黏性大，具有作为当地旅游资源整合中枢的天然优势。以一家家住宿为据点整合周边的交通、活动、门票、购物等资源，以点带面，逐步覆盖。

（三）赢利点

喊你玩的韩国当地团队负责发掘很多当地的优质民宿资源，然后把发掘的资源放到他们自己搭建的平台——喊你玩上面，然后推荐给国内的消费者。他们在同时做 B 端和 C 端，C 端主要是他们自己做的提供给用户韩国吃喝玩乐信息的优质视频《小熊喊你玩》，还通过他们的其他一些运营方法去服务他们的用户。而在 B 端，他们有百分之三十到四十的民宿在国内是独家的，即使是携程、去哪儿这种网站上面也找不到的。

作为一个民宿供应商，他们还会把只有他们拥有而携程、去哪儿没有的民宿产品分销给携程，让携程帮他们去代卖。这部分收入大概占了总收入来源的三分之一左右。也就是三分之二靠他们自己的流量，三分之一靠作为供应商的分销。他们打算接下来开发更多的作为供应商的机会。同程、途家也在找他们合作，还有像穷游、蚂蜂窝这种自己本身就有一些很好的游记资源及很好的流量，但自己没有产品的公司，也很愿意跟有一些非常优质产品的他们合作。合作伙伴提供给他们很有质量的、很精准的一些流量，他们则只需要提供广告费，使双方得到双赢。

他们去韩国或日本直签当地的民宿，会有百分之十五到二十的一个浮动比例的佣金收入，他们的收入模式主要是靠旅游的当地特色民宿佣金。

(四)市场定位

越来越多的人被教育,整个市场也会越来越火热。

欧美旅游市场非标准住宿占整个住宿行业的比重是 50%,而这一数据在中国只有不到 10%,未来的发展空间还是非常大的。

好消息是政府开始出台一系列的鼓励政策:“要挖掘旅游消费新热点,放宽在线度假租赁、旅游租车等‘互联网+’新业态的准入和经营许可。”

这个市场最大的弊病是大多数创业者并没有把消费者的需求放在第一位,而是把如何取悦投资人放在了首位。动辄宣称自己新上线了几十万套房源,又拓展了多少新的目的地等,各种噱头和概念满天飞,从来没有真正问一下用户真正想要的是什么。

刘腾飞觉得非标住宿的“非”和“标”就像是人的两条腿一样,只有两条腿一样长才能健康地走路。所谓的“非”指的是民宿融入了当地的特色,能带给用户不一样的入住体验;“标”则指的是在使用过程中,有一系列的标准化服务作为保障。特别是针对中国出境游的用户,这些用户用攒了半年的钱,来到一个陌生的地方旅行,语言不通无法交流,处理应急突发状况的能力几乎为零,谁能解决用户的痛点,为用户创造价值,谁才能真正笑到最后。

(五)营销模式

1. 喊你玩官方网站

喊你玩官方网站的网址是 http://www.hanniwan.com/ ,首页如图 3-6 所示。网站主要功能就是推荐那些位置、交通都不错的民宿,提供在线服务,服务电话为 400-961-9869;提供微信、微博关注,是喊你玩 PC 端的主要推广方式。

图 3-6　喊你玩官方网站

2. 喊你玩微信公众号

微信（WeChat）是腾讯公司于 2011 年 1 月 21 日推出的一个为智能终端提供即时通信服务的免费应用程序，微信支持跨通信运营商、跨操作系统平台通过网络快速发送免费（需消耗少量网络流量）语音短信、视频、图片和文字，同时，也可以使用通过流媒体共享内容的资料和基于位置的社交插件，如“摇一摇”“漂流瓶”“朋友圈”“公众平台”“语音记事本”等服务插件。截至 2015 年第一季度，微信已经覆盖中国 90% 以上的智能手机，月活跃用户达到 5.49 亿，用户覆盖 200 多个国家、超过 20 种语言。此外，各品牌的微信公众账号总数已经超过 800 万个，移动应用对接数量超过 85 000 个，微信支付用户则达到了 4 亿左右①。

微信给人们的生活方式带来了巨大的改变，微信直接带动了人们的消费支出。据统计，微信直接带动的生活消费规模已达到 110 亿元，其中娱乐消费为最大支出，规模为 58.91 亿元。喊你玩充分利用微信这种迎合时代发展的社交工具，开通了自己的微信公众号，分享和发布喊你玩的活动信息，以及民宿的相关信息。有微信客服公众号，为用户介绍特惠民宿，提供联系客户、查看订单等服务。还有官方微信公众号为用户提供旅行必看，韩国旅行行前准备事项，包括签证、货币兑换、网络、交通、常用韩语、韩国美食攻略、购物攻略、旅行攻略、韩剧资讯、美妆攻略等；有民宿预订，一些有特色的民宿预订让客人享受家一样的温馨；还有日本旅游攻略，小熊合伙人，每日韩语的服务。微信二维码如图 3-7 所示。

微信客服　　官方微信

图 3-7　微信二维码

3. 喊你玩官方微博

喊你玩官方微博介绍关于韩国的美食美景，韩国的文化艺术，吸引着游客前往韩国旅游。微博发帖量目前已达 6295 条，粉丝 35 052 人，如图 3-8 所示。

① 资料来源：网易科技，http://tech.163.com/15/0601/13/AR1F5KE000094ODU.html。

图 3-8 喊你玩官方微博

4. 优酷视频《小熊喊你玩》

《小熊喊你玩》介绍韩国当地的美食美景、旅游攻略，把韩国当地一些原汁原味的东西呈现给国内的用户，尤其是对韩国或者是对美食美景感兴趣的客户。这些客户不一定马上会通过喊你玩这个平台去韩国，但是如果这些客户未来要去的话，第一时间就会想到他们这个平台。

录制视频有两个好处，第一，使品牌持续曝光，第二，会给他们的网站，给他们的产品作直接的引流。他们认为录制视频是他们做得非常正确的一件事，签约当地的旅行达人，围绕热门景点、餐厅、攻略原创旅游微视频。利用这些微视频做传播，做营销，在我们国内，在旅游行业是尝试去签约旅行达人，去拍这种视频的首家，他们这种视频是一周一期，已经拍了四十多期了，就像一个系列的短片一样，它没有剧终，当地只要有好玩的出现他们就会去拍，每周三播出。在优酷上，目前已经累积有两千多万的播放量，主持人韩小熊目前也有了 20 000 多的优质粉丝。创始人刘腾飞认为撰写游记（软文）也是一种获取用户的有效方式。据了解，自视频上线以来喊你玩已实现了月均 50%的粉丝增长。

5. 巧用淘宝

在营销方面他们还会利用一些创业公司，不可能会花大价钱去砸百度的广告，买百度流量，除此之外，他们还找到能够撬动他们公司，对公司有很大帮助的一些点，其中一个点就是他们发现可以利用淘宝。淘宝做了这么多年，有很多流量，网上的流量非常大。他们是怎么去利用这个流量呢？通过淘宝他们发现，有一些单品，例如韩国当地的购物券或一些免税店的积分这些东西卖得非常好。而且淘宝的属性不一样，用淘宝的大多是女人，这些女人都是空闲时间比较多的人，有的是时间去比价。京东与淘宝的用户就完全是两类不同的用户，上京东的用户可能是一些白领或一些更高级别的，或者说是没有那么多闲暇时间的人，想买什么，就直接奔着什么去买，而上淘宝的用户就会在中间来来回回去挑选比较，所以淘宝上面的用户比较关注这个打折券、团购券、会员、免税店的优惠券，看到这些东西之后就想去韩国购物。所以他们就和韩国免税店合作，拿到积分、优惠券等，进行一些包装，然后在淘宝上卖，吸引到大批的流量。为此他们还专门成立一个三人的淘宝小组，研究淘宝的运营。目前他们在淘宝上每个月有一万单以上的成交量，当然这个营销模式给网站带来的流量也是非常巨大的，这就是他们其中一个比较巧的切入点，跟大公司竞争但不正面较量，从侧面或者说用一些巧劲来四两拨千斤。为自己带来更多的流量，更大的盈利。

五、企业发展面临的问题

第一个是人才方面的问题，人员一直都比较稀缺。无论是在他们刚组建团队的时候，还是刚拿到融资的时候，抑或是他们产品上线之后，或他们准备去拿下一轮融资的时候，他们都发现在整个过程中永远都是人才不够用，感觉总会少那么一个人。让他们感觉到现在的团队还不够强大，还不够全面。人才稀缺是每个公司都会一直面临的问题。目前他们能把公司经营得如此好，让每个人都发挥了自己的才能，把自己的才能用到了可用之处，是很可喜的。

第二个是他们公司在发展的过程中会听到不同的声音，有的是公司发展得顺风顺水的方面，有的是发展得不那么顺利的方面。这些其实都是与创业相伴相生，每天都会面临各种各样的声音，各种各样的质疑，甚至来自于自己团队内部的质疑，来自投资人的质疑，但是刘腾飞觉得创业者要登上足够高的战略高度，站到足够高的战略制高点上往下看，选择那条以后要发展的路，或者是要对自己足够的自信，对行业研究足够的深刻，研究得越深刻，才会由内而外地展现出自信。如果自己对这个行业什么都不懂，只是跟风，别人说这个方向还不错，就做这个方向，如果别人提出了一些质疑，马上自己也会去质疑，对于创业是没有任何好处的。所以他认为整个创业的路程归根到底有很多很多问题，包括人才、包括来自各方面的质疑、包括怎么解决来自各方面的压力。其实对他来说，无非就是要有一颗强大的内心，要有一个足够高的战略高度，看到别人看不到的地方，有足够的自信，还要有很强的执行力，把他的这部分信念、目标都落实下去。

六、企业未来发展规划

旅游行业是一个特别复杂的行业，喊你玩想把一百多个国家的出境游做透或是做到市场份额的第一，要走的路其实相比国内的一些创业企业还要更长一些，面临的困难也更多。综合下来，喊你玩想在未来五年之内，做成全球民宿预订的第一品牌。

七、给旅游创业者的建议

创业其实就是自己寻找的一种生活状态。有些人说，现在创业都这么火，自己也去创业，努力干个两三年，说不定也能捞一桶金。抱着这种想法的人，创业成功的难度都比较大。对于真正把创业当作自己的生活状态，不管是逆境还是顺境，都能享受这个过程，而且目标很清晰，真正热爱创业这件事，愿意去做，不计后果的人，最终得到的反而不会少于付出。

不要为了创业去创业，创业是我们选择的一种生活方式，有甜的一面，也有苦的一面，如果你很享受这个过程，不断去挑战、不断去享受这个过程，你就可以去创业。如果只是因为现在的大众创业、万众创新的政策鼓励，或只是因为自己毕业了找不着工作找不着事儿做就去创业，这不是一个好的选择。现实是残酷的，你该去走的路该去交的学费迟早都要交，不会因为去创业了你就能变得不一样，还是应该从自己内心深处去问自己，问自己是否适合创业，是否真的对创业充满了热情、充满了激情。创业无非就是这样，做自己擅长的事儿，做在未来有希望的事。

创业成功的关键点就是七分靠努力，通过自己的不断努力，对行业有日益深刻的了解。过于功利的，过于机会主义的、投机主义的人反而很难成功。

案例 3　来来会

一、企业简介

来来会隶属于北京来来网网络科技有限公司，是一家专门做出境自由行特卖的 B2C 旅游电子商务网站，总部位于北京。网站网址：www.lailaihui.com。其官网网页和品牌 LOGO 如图 3-9 所示。

图 3-9　来来会官网网页以及品牌 LOGO

来来会成立于 2013 年 9 月，坚持为 18~30 岁的年轻用户提供省钱、省心、高性价比的出境游服务，并已成为年轻人出境游第一品牌。来来会始终以年轻用户需求为先，主打飞行时间小于 5 小时、人均花费 2000 元左右的出境游产品。为用户提供覆盖东亚、东南亚、欧洲、美洲等地的全球旅游线路特价产品。并依托极具优势的资源、丰富的产品、完善的服务，使用户轻松获得“一站式”服务体验，让年轻人真正实现“千元游世界”“周末出境游”的出境游梦想。

二、创立源起及构想

来来会创始人兼 CEO 王国航曾在海南航空、众信旅游工作，具有相关的旅游工作经历，特别是在出境旅游机票这方面颇具经验。用他本人的话来说，后来从事旅游相关创业可谓是“自然而然”。

到众信工作之后，王国航感到在众信、海航体系之外可能还有一个新的市场，主体就是现在的 80 后、85 后，他认为他们现在还有新的需求。因为有众信和海航的工作经历，所以决定做旅游创业。

来来会想要做的是一个服务商而不是做品牌。王总认为品牌和人群的年龄属性是相关的，所以他们也觉得需要往前做一点，做一些年轻人的项目，然后做服务商。王总也认为用户群的定位很重要，如果用户是年轻人，他们都活跃在互联网上，那么必然要有互联网，由此线上网站是必不可少的。

三、发展大事记

1. 2010 年 11 月，北京来来网网络科技有限公司成立。

2. 2011 年 1 月，来来网这个专注于出境旅游产品的 B2B 平台正式上线。

3. 2012 年 1 月，来来网完成国内第一个出境旅游产品分销平台的建设。目前有近千家原始组团社向超过 4 万家下游零售旅行社分销出境旅游产品，每年有超过 10 万个出境旅游团期在此平台上进行交易。

4. 2013 年 9 月 11 日，来来会正式上线。

5. 2014 年 2 月，获得鼎晖创投领投，九合创投跟投的数百万美金 A 轮融资。

6. 2014 年 8 月，获得复星昆仲资本和鼎晖创投的过亿元 B 轮融资。

7. 2015 年 5 月，来来会任命李悠为 CMO。

8. 2016 年 4 月，来来会与国航再度合作，打造小众城市个性之旅。

近期发展情况如下：

专注出境自由行、年轻人出境游的第一品牌来来会在 2016 年新年伊始便赢得开门红。接连获得了“互联网+”第一媒体亿欧网颁发的“中国互联网+新锐 CEO”大奖以及中国领先的互联网招聘平台拉勾网颁发的“2015 年度新锐雇主”奖项。这两个奖项都极具含金量，受到业内外专家和用户的认可和赞赏。同时也表明，来来会凭借稳定高速的人才发展平台和行业内外的口碑已成长为互联网在线旅游企业的佼佼者。这些令人瞩目的成绩表明，来来会已成为旅游行业中的一匹“黑马”。

2016 年 4 月来来会与中国国际航空公司再度展开合作，此次合作再次稳固了来来会在旅游行业中的地位，下面是来自中华网投资频道的报道：

来来会与国航再度合作　打造小众城市个性之旅

旅行行业自由行市场渐入高峰，随着国人物质生活的富足，出行需求的规模化一定程度上带动了旅行业爆发式增长。对于旅行积淀深厚的创业者而言，这一领域从不缺乏创新，从旅行上游的签证办理，目的地开发，到旅行过程中的增值服务，再到旅行下游的品质生活消费引导，旅行愈发演变成一种地域文化的融合与链接。

近日，年轻人出境游第一品牌“来来会”与中国国际航空公司（以下简称国航）再度达成深入合作，联袂打造一款个性便捷的探索之旅。据来来会市场负责人表示，这已经不是首次与国航展开自由行产品的相关合作，早在 2013 年来来会首推周边出境游时双方就已经对深度开拓东南亚市场达成战略共识。

然而，在东南亚热门城市中首选省会城市之时，那些具备同等竞争力但鲜有人去的地方则成为向往本土文化深度游旅客的心头好。此次来来会联合国航重磅推出的针对个性化用户需求的航线为直飞釜山、仰光、胡志明市的自由行随心配产品（见图 3-10）。

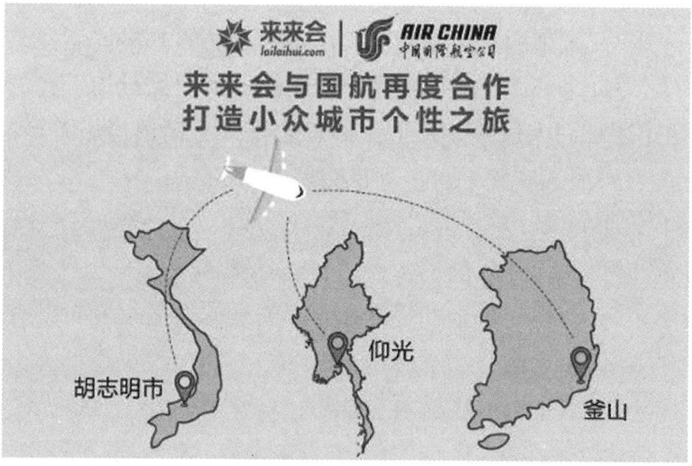

图 3-10　航线设计

此次与国航的再度合作中，来来会在小众城市的航线选择上可以做到航班直飞，舒适宽座，更重要的是能够在保证品质服务的前提下，将市价 3100 元左右的胡志明市之行压低至 2599 元，对市场价接近 4000 元的仰光之旅放出 2666 元的良心优惠，售价2999元的釜山之旅也破天荒给出2299元的超低回馈，尤其在直飞釜山的行程安排上，选择的酒店位于海云台海水浴场旁边，面对这样一个韩国人夏季专属度假胜地，可谓旅人天堂。

在旅游行业大打价格战的今天，来来会业务推进持续增速。相较各大出境游平台，专业深耕年轻人出境游服务的来来会自有其生存之道。来来会可以将价格碾压在2000~2500元，凭借出色的行程安排，任性的超低价，赢得广大年轻人的认可。这完全是因为来来会对于资源端的全面把控，极高的用户黏性促进强大的重复购买率，而量的累积促使来来会成为年轻人品质出行的丰碑。

通常情况下，行程的开始决定了旅行过程的心情。对于航班的选择，来来会竭尽所能避免前期内耗，在出发时间的设计上更加人性体贴。在航空公司的选择上，来来会更注重正班航班，服务品质优于同类产品，以最匹配用户的价格最大限度提升服务水准，将打包产品的机加酒做到搭配超标准更是来来会的品质追求，而用户至上的服务理念是国航与来来会持续深入合作的关键。

此次来来会联合国航进军小众城市打造个性化的探索之旅，一方面说明来来会在东南亚地区热门城市服务标准的成熟，与国航的进一步合作则揭示了对于自由行打包服务的产品升级，另一方面又把目光投向尚待开发的极致之地，在品质出行的道路上愈加坚定，更能说明来来会对于领域专业度的自信。

四、商业模式

(一)主营业务

来来会做的就是打包自由行，也叫自由行+。打包自由行的概念就是帮你完成自由行里面最大的、最困扰、最烦琐的那部分，并且一一安排好。比如说机票和酒店，这是毋庸置疑的。来来会会根据不同的目的地来确定旅行中所包含的内容。举一个例子，有的地方可能 Wi-Fi 就是必备，那么打包项目就是机票加酒店加 Wi-Fi 加签证办理，当然也可以随着现实情况延展一下内容。

来来会最后解决的一件事情，就是省钱省心，让客户做到真正的自由行。所谓真正自由行的状态是指如果我想去旅游就可以说走就走，并且丝毫不必担心住宿行程等问题。这就是来来会正在做的。

现代社会的年轻人处于高压的状态下，同时他们又拒绝跟团游。一旦说到自由行，大家可能还停留在传统的观念上，会想到自己去查，自己去看，自己订酒店、自己订便宜机票、再做组合、再订 Wi-Fi，其实最后你会发现，酒店是在这里订的，机票是在那里订的，Wi-Fi是在淘宝上买的，然后行程又不是一体的，光机票一样就要给四个供货商打电话，沟通哪个能退订，哪个不能退订。这一套烦琐的流程下来，相信想要旅行的心情已经所剩无几了。而来来会就是把上文所提及的内容都打包在一起，由此就形成一条高性能、完整的旅游路线。来回的机票价格便宜是毋庸置疑的，但是来来会不仅仅追求便宜，他们更加追求的是性价比。举例说明，从北京出发，目的地韩国，周四晚上出发，周日晚上回来。来来会考虑到年轻人没那么多假期，因此，希望能够最佳地利用好这几天去多一点儿的地方。那么你只需要在周五请一天假，首尔游玩四天，周日的下午回到北京，第二天上班不会累，诸如此类。设计包含很多的细节，设计出来之后又拿出最好的资源。很多细节，包括客户住的地方，客户到哪一个机场，到的具体时间，包车送回酒店，这些细节来来会都会反复设计，反复比较最好最优的线路。

这就是来来会产品的构成，是来来会产品的主要形态。来来会就是围绕着打包自由行做各种各样的延展服务。

（二）运营模式

"来来会"最大的亮点是它解决了阻拦用户出行的最大问题："时间 + 机票 + 酒店"三者间的搭配。"来来会"通过"来来网"获得的旅游产品资源，给用户挑出性价比较高又适合出行的"时间 + 机票 + 酒店"组合方式，以城市为基础推出对应的旅行产品，帮助用户实现说走就走的第一次出国旅行。

目的地价格吸引人、性价比高，且都是热门城市可以说是"来来会"获得消费者青睐的两个主要原因。同时他们也在做一个预售的概念，提前将旅行社可能积压的产品打包好卖出去，因此网站上现在会有明年1月的产品。

来来会和携程、艺龙等网站一样，同样都是做在线旅游。不同的是，它只做特价"出境游"。而且，这个网站很潮，时刻都在关注潮流活动。例如2014年4月15日李敏镐即将在首尔开演唱会，来来会推出限时特价几百套"首尔追星之旅"产品，瞬时销售一空。

旅游用户群体从原有消费人群逐渐向80后、90后转变，由于这部分人在语言能力和出行能力方面较原有消费人群有明显提升，因此对跟团游接受度减小，自由行比例扩大。

来来会用特价的方式卖"出境游"产品，价格比市场价便宜一半。以来来会上此前推出的一款产品为例，北京直飞韩国首尔，往返机票加上酒店，3晚4天自由行，周四晚上出发，周日下午就可回到北京，仅售1999元。如果用户愿意，请上一天假就足够出国旅行一趟。

此外，来来会还跟航空公司、酒店等建立了长期合作关系。它通过代销买断的方式，将各大供应商的尾货买来，然后打包销售。经过产品的打包，实现了价值增值，来来会则从中赚取差价。让批发商为难的是，批发商与航空公司一般以一年时长来签订协议，限时仓储的旅游产品一旦到时间就完全清零，但由于涨价产品销售出现障碍，因此批发商积压了大量产品。面对这样的情况，来来会就把批发商们积压的产品，重新设计打包成一个自由行的产品，放在自由行去卖。

王总解释，这样的产品形式还解决了产品与客户需求不对等的问题。例如，每年十一、春节期间，旅行社出游产品尽管价格高仍然被销售一空，而平时价格虽然便宜，用户却并没有假期。来来会的出现，则恰恰可以使用户决策变得更加容易。

为什么“来来会”能做到如此低的价格呢？就如同鞋服领域的唯品会一样，旅游产品的时间属性更强。旅行社一般会以包机、包年的方式从航空公司、酒店购买打折的机票和酒店，也能获得较低的价格，但前提是这些产品能够在预订的时间里出售出去。一旦出现货品积压的情况，旅行社不会出面大幅降价，而是选择给第三方来“消化”库存，否则的话，过期了就一文不值。这就给“来来会”这样的第三方平台提供了生存空间。

不过，与普通旅游产品折扣网站主要销售单一的旅行社尾货产品的模式不同，“来来会”同时也在开展产品的预售生意。并非等待临近的三四天清仓甩货，而是提前根据多方数据判断可能会出现积压的产品，然后重新设计、打包成全新的产品组合和套餐。所以一般来说，“来来会”平台上的旅游产品时间周期也比较长，用户可以购买到一到两个月以后，甚至半年以后的“自由行”套餐，提前规划自己的旅游安排。

由于平时人们上班繁忙，抽出时间、规划旅游几乎是最可行的方式，而“想走就走的旅行”总是那么不切合实际。因此，“来来会”提供的预售产品，能满足很多追求自由行的客户的需求。来来会创始人兼 CEO 王总表示，人民币的坚挺，让出境游正成为一种新的潮流，团队游比例下降和自由行比例的攀升，也意味着未来线上可能会出现大的自由行商家。其实，“来来会”走的是针对特定人群的定制化路线，是为出境游客组合恰当的“时间 + 机票 + 酒店”，解决出境自由行的担心和顾虑的。

这也是 OTA、去哪儿等平台难以满足需求的原因，一般游客的需求是先去面包旅行、蚂蜂窝、穷游等查找旅游攻略和景区，选定了合理的时间后，再去去哪儿、携程等平台上订购机票、酒店，但这个路径过于烦琐、冗长，不仅价格昂贵，而且很难形成一个最优的方案，“来来会”为客户解决了“消费水平相对不高、不愿意受团队游束缚、假期时间少”的出行问题。

出境自由行“特卖”模式一出现，就受到了追捧，特别是年轻人更有“想走就走”的冲动，越来越多的人开始在假期之外安排出境旅游。尤其是在新的《旅游法》实施后，刺激了自由行市场的火爆。目前，“来来会”上的产品多集中在航程4小时以内、签证方便的国家和目的地，台北、首尔、香港、清迈、东京、沙巴，每周持续提供。未来除了提供类似经典门票等旅游目的地当地服务之外，“来来会”已经在尝试拓展一些长距离的优质线路，近期推出的6999毛里求斯直航自由行产品就得到用户的热烈欢迎。①

五、企业发展面临的问题

（一）企业中最主要的问题

对于这个方面，王总表示，企业碰到过最主要的问题是技术、人才问题。对于创业公司尤其是互联网公司，缺乏的还是人才。要达到团队的专业性、创造性，对来来会来说，最核心的就是人。来来会也始终在寻找更多的、更有能力的人一起工作，加入到团队之中。互联网不是一个中资产。其实完全是靠一群人的体力、智力和心力聚集出来的所谓的一个产品。既不能去做资源，买不下一个景点，也买不了一个游轮，他们今天取得的一切都是靠人。他们也需要更多优秀人才的加入。来来会觉得，以曾经的眼光来看，可能原来做得还不错，但是在当今这个时代，再以新异的眼光来展望，目前做得还不够，因此他们需要更强的人加入这个团队，来完成更远大的目标，挖掘来来会更深层次的潜力。

（二）公司发展的障碍及痛点

王总表示，公司发展的障碍主要还是节奏和聚焦，创业中的最大痛点是企业方向。什么是节奏和聚焦呢？比如说产业链，产业链上有几个角色、在做产业链上哪一块事。尤其是创业公司的人员，例如来来会的团队便是细分服务于一群人，首先我们必须得明白我们能为用户提供什么样的服务，是卖场的服务，还是服务本身的服务，还是信息的服务？或者是其他。不过首先是得聚焦用户群，用户群的定位便可以清晰地定义你给用户提供的服务内容。

当你找不到用户定位，也找不到这群用户市场需要什么，怎么办？创业最怕做加法，中国现在做旅游行业的太多，大家可能都在卖旅游，随便在网上一搜，铺天盖地全都是。王总觉得这恰恰就是给自己激励的一个点，他在脑子里始终想着一句话：用户为什么选择你的产品、用户为什么上你的网站、用户为什么用你的服务或产品。

---

① 原文出自“比特网”，原文链接 http://net.chinabyte.com/249/12812249.shtml。

这会鞭策自己做出更好的企业，更好的产品，也能使自己一直保持工作上的热情。

来来会提供的产品叫打包自由行，它既不是纯粹游也不是跟团游，就是一种机+酒+X 的形态。它把自由行里你觉得最麻烦的事，比如订机票、订酒店、定 Wi-Fi 等烦琐的事情帮你解决。提到自由行的形态，这里面所谓自由形态就是指你在当地自由，并不是你花了一大堆时间去非自由行的自由行，因此产品形态也是清楚的。聚焦这一重点也是因为来来会服务的人群就是所谓没钱、没家，还要一定生活品质的消费人群。所以来来会用一种打包自由行的形态来解决跟团游的资源来对接自由行。这样的话，人群定、产品定。那剩下就是一个生产线的复制，从韩国到日本再到中国台湾地区。这个相对来说对创业公司没那么迷惑，也就是资本市场也容易认可，在用户那里树立品牌相对容易，因为用户知道你是做什么的，有非常清晰的辨识度。

(三)企业中最重要的元素

来来会认为企业中最重要的元素第一是价值，第二是坚持。

价值是和价格不同的。有很长一段时间，他们是发展相对比较顺利的那一拨人，因为很多时候，尤其是在刚刚创业的时候，可能会把价格和价值弄混了。融资叫价格，上市之后公证也好，还有短期以内取得的都是价格。那么价值是什么？价值就是为什么始终返回到那儿。如果用户有较多的选择余地，复购率高，王总觉得这就是有价值。来来会在韩国的口碑在不断上升，这就是价值。这对企业长远的平台是有帮助的，会觉得应该去改变一下行业里的一些东西。久而久之，其实算大账，并不是为价格而创业，而是为价值创业。你做的这件事是市场所需要的，这就是创业的价值，存在的价值。王总觉得市场需要这样的一股力量，这股力量需要踏踏实实去做。所以王总认为第一个就是价值。

第二个就是相应的坚持，在自己的价值观之下一个人坚持，并且用这种坚持感染一群人，形成一个核心队伍，最后形成整个团队。可能很多时候，大家其实未必认同你的价值观，但是你要去义无反顾地坚持你的这个价值观。坚持与否也是很多创业家成与败的关键点。

六、企业未来发展规划

王总表示自己对未来的规划或展望是很少的，但是他们一直有一个愿景就是做成年轻人出境第一品牌。翻译过来就是我们这群人想出境去玩，可以买到各个地方的自由行。希望来来会是有品牌的、是有价值的、是懂年轻人的。来来会不着急去变成一个平台、卖场，他们还是希望踏实把服务商做好。王总表示这件事他们规划了三五年,从今年开始做。如果过程中有走到二级市场是顺便的事,也并不是为了哪件事儿去的。

2016 年 1 月来来会也发布了《2015 韩国深度自由行数据报告》,下面是来自东北新闻网的相关报道与分析:

周末小度假成旅行时尚,自由行成常态性消费

伴随着互联网寒冬的降临,"口红效应"初露端倪——整体经济形势不景气之际,却总有一些行业出现逆市上扬之势。过去一年销售数据显示,来来会正在成为寒冬里的一把火。

近日,年轻人最喜爱的出境游品牌来来会发布了《2015 韩国深度自由行数据报告》(见图 3-11)。其中援引的中国国家旅游局数据显示:2015 年,中国自由行市场增速迅猛,赴韩人数超 611 万,有力地带动了全球旅游消费。中国人均在韩消费 1.4 万元人民币,相当于为韩国贡献了 1.6%的 GDP。"中国动力世界消费",中国游客已经成为世界消费主力军。

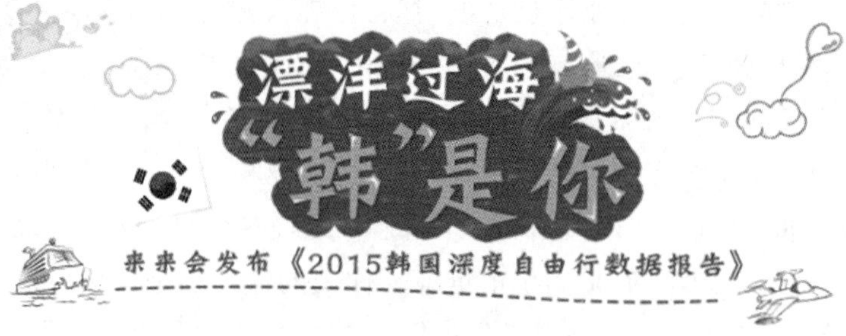

图 3-11 《2015 韩国深度自由行数据报告》图片

在韩国自由行市场垂直细分领域,来来会是当之无愧的领导者。此次数据报告,以赴韩自由行游客的年龄结构、出行需求、行为习惯、兴趣联结等为出发点,从饮食、住宿、出行、购物、当地游乐等维度,详细解读了互联网时代 2015 年赴韩自由行用户新特点和新趋势。

周末小度假成旅行时尚,智慧出行丰富旅行体验

来来会发布的这份报告显示:2015 年,赴韩自由行中有 96%的用户选择周四出发周日回的跨双休日出行方案,请假少是上班族的核心需求。赴韩旅行的决策期短,从下单到出行在 30 天内,远远低于欧美澳等长线旅行 2~3 个月的决策等

待期。

在整体自由行市场中，韩国与中国具有天然的地理优势，950 公里的距离，一个半小时即可飞行抵达。在中韩双方签证利好政策的推动下，自然人流动极其便利。比如，免签政策使得济州岛的热度高过首尔。

2015 年，休闲度假需求和消费能力日益增强，出现个性化、多元化趋势。据来来会销售数据统计，赴韩自由行用户的复购率高达 18%，一年多次赴韩旅行用户达 2000 人次，周末出境度假成为越来越稀松、越来越平常的生活方式。

在赴韩自由行门槛越来越低、预订越来越便捷的今天，出游度假已成为都市年轻人生活中深入骨髓的一部分——只要指尖几次点击，就能轻松安排好周末的休憩行程。移动互联网时代，智慧出行体现在旅行的方方面面。

行前阶段，用户出行不再满足于机酒等大交通和住宿的预订，同时会细致到行前购买当地门票、交通卡、Wi-Fi 等 POI 产品。来来会销售数据显示，2015 年韩国 POI 销售额达百万级，其中移动 Wi-Fi 超六成，交通卡位居第二。移动互联网在线化的特征，让 Wi-Fi 成为旅行刚需，Wi-Fi 的使用率最高，一般用于查找交通、景点、餐厅，以及社交发朋友圈；同时，当地演出门票、滑雪票、租车等丰富多样的服务也让韩国旅行“千遍不厌”。

90 后消费人群崛起、个性主题游成新鲜旅行方式

据公开资料显示，2015 上半年 90 后出境游人次增加了 3.5 倍，来来会用户群体的年龄分布间接佐证了这项数据。通过来来会购买出境游产品的用户 95% 年龄分布在 20~30 岁，20~25 岁的 90 后出行人数逐年增高。截至 2015 年 12 月底，90 后赴韩旅行人数同比增长 200%，90 后已成为旅游市场一支不可忽视的力量，为自由行市场增速提供了动力。

据来来会销售监测数据，2015 年 2 月、7—8 月、10 月均出现出行峰值，寒暑假出行上升趋势明显，我们有理由推测学生群体日渐崛起，未来将成为出境游市场的主力军。

90 后旅行者早已不再满足于景点游、跟团游等标准化服务，自驾、露营、音乐节、马拉松、“彩跑”“撕名牌”、冰桶挑战等具有互联网基因的时尚活动，在年轻人群体中蔓延开来。2015 年来来会先后上线多条非标准化主题游产品，比如以跑穿世界为主题的吴哥窟、冰岛、富士山等马拉松主题游，丹麦、瑞士音乐节主题游，韩国 SBS 歌谣大赏主题游，梦想合伙人美国硅谷主题游等，其中海外马拉松主题游仅上线三分钟就抢购一空。互联网和移动互联网宛若光速的发展让世界变得扁平，旅行者可以轻松获取旅行资讯。通过来来会订购与众不同的自由行产品，即刻便

可开启一段充满奇迹和发现的旅程。

将来来会做成一个受人尊重的企业是来来会长期发展的目标,他们期望能够凭借企业的服务给年轻人留下深刻的印象,以至于年轻人一旦出游就会想到来来会,并且选择来来会。

七、给旅游创业者的建议

(一)对大学生创业的建议

目前,大学生创业成为一个热门头条,相当多的大学生也在不断地加入到这个热潮之中,同时国家也在大力推崇、扶持大学生创业,尤其是在校大学生。对于这样的热潮,王总表示,他个人不太建议大学生创业。因为创业需要一定准备,不光是财力,还有一些经验和方法,学校里教授的只是一些工具,最多的也只是一些方法理论,以及世界观这些非常基础的知识。但是你需要在一个真正的社会了解用户群,以及了解社会的结构和市场的运作规律。

但是同时王总也表示,如果是一种单纯的技术革新,那么是非常值得支持、鼓励的。因为技术的革新不需要和社会接触。

因此王总更偏向实践,或者说更偏向交易类的产品。他个人建议是需要在一个社会体系里面,哪怕是工作,或者积淀至少三到四年,对整个产业链上下有所领悟,对你要做的事有一些基础和准备,这样的话,你心理的抗压能力会变得更好。因为创业其实就方法论而言,更多的是心理的抗压能力,而并不是指简单的技术能力,或者带领团队的能力。首先你可能会在一个团队里面,这与在大学里去加入学生会、当上学生干部不是完全一样的,因为相比之下校园里的生活更加单纯,没有太多动机。但是创业不同,创业简单来说就是利益!

因此,结论是,如果是纯技术的应用,不排除一些前沿的东西,有很多天才。这样创业是非常好的,不用去浪费时间。那么,如果做交易类的作品、商业化的东西,还是需要在工作中、在社会上积淀三四年,这样积累出来的效果将是更好的。

最重要的还是坚持做自己喜欢做的事,做自己能做的事,做有价值的事,能把这个坚持住,创业的成功率至少提高了一半。

(二)企业招聘学生的看法

王总表示,他觉得最关键的一点还是实用性。最好院校能够定期让学生们走出校园,也不仅是实习,也可以作为课题的形式,让学生更加真切地接触企业。企业也有它需要去解决的问题,在企业一个月下来,从科研本身也有一定的价值,对企业本身也有价值，对学生自身也有价值。学生是偏理论文化，员工是偏业务实际，双方的接触、融洽，对二者都有促进的作用。通过一个课题可能会把学生培养得更加具有实用性，更加"接地气"，当学校向各个企业输送人才的时候，也会省去学生适应社会的这个过程。

来来会表示在向院校招聘学生的时候，并不是特别在意学校的出身，他们更关心学生未来的潜力。很重要的一点是他后来的学习能力，以及他方法论的形成。王总表示非常看重这一点。对行业的理解不光是学术方面的还有行业本身的，还要有解决问题的角度、方法。这种学生、这样的人才永远都是企业喜欢招聘的。同时企业也能通过一两次的测试就估算出学生是否具备这样的能力。

（三）对创业者的启示

1. 企业中的人才文化必不可少，选择具有相同价值观、世界观的合作伙伴，选择专业的人做专业的事情。

2. 一个企业，需要拥有一个共同的愿景，大家在同一个理念、同一个愿景、同一个目标下才能更团结，更加明白自己要做的事情。

3. 在企业中营造平等专业、利益功效的理念氛围。平等专业就是，在专业的这个角度没有所谓的上下级。利益功效就是，在企业中形成大家分享自己的技能，分享自己的方法论这样的状态。分享的同时大家形成的是一个 team，做好了的话，分享者和被分享者，其实利益是捆绑在一起的。

4. 不把我们当雇主就是最好的雇主。所有东西公开透明，待遇公开透明，一切都公开透明。

5. 企业中最重要的就是价值与坚持。如果用户有较多的选择余地，复购率高，那么我觉得这就是有价值。口碑在上升，就是价值。第二个就是相应的坚持，就是一个人在价值观上的坚持感染了一群人，然后是核心团队，然后是整个团队。尽管很多时候，大家其实未必认同你要坚持的这个价值。

6. 在创业之中，最重要的是保持开放的心态。明确聚焦和节奏，再加上开放的心态很重要，在最初确定的服务用户群，在过程中不能动摇。同时，你的价值观也不能改变。重要的是，过程中要具有开放的心态。开放心态是在方法论上，在人才上持开放心态，因为如果你今天是闭门造车，就是你坚持的是你的价值观，但你持开放心态的应该是你的好的技术，好的人才，还有好的理念，以及好的方法论。

案例 4　米线用车

一、企业简介

米线用车立足中国用户境外自由行及商务出行市场，为全球华人提供 7×24 小时中文客服的接送机和包车服务（中国除外）。目前主要通过微信公众号（mixianyongche）提供服务。米线用车于 2015 年 3 月上线，主要通过微信完成订单支付，另外淘宝、去哪儿及携程等在线旅游网站也有相关产品的上线。米线用车已经覆盖全球 100 多个国家或地区，主要集中在欧洲、亚洲和美洲，特别是泰国、日本和韩国。超过 9000 座城市的接送机和包车服务，其主要目标市场锁定为广大中国出境游客和商务客人。除接送机包车以外，米线还提供紧急救援计划，为身处境外的旅客营造方便舒适的体验。

米线隶属于北京烙饼客信息技术有限公司。烙饼客是国内第一款含蓄社交工具 APP，是线上建圈子线下活动的社交 APP，圈子的类型主要分为户外、自驾、骑行、运动、摄影、公益、亲子等，各个圈子里都有“烙饼客”们自发组织的活动，你可以选择加入他们的圈子然后去参加活动，或者组建一个自己的圈子，并组织活动。“烙饼客”致力于为中国用户提供一个基于同类兴趣活动的开放、平等、互助的聚合网络，并让用户通过手机与同城兴趣活动、兴趣群组保持更加紧密的联系，及时了解好友的活动动态，在线分享活动、游记、照片，通过烙饼客发现兴趣同类、分享社交快乐。米线用车淘宝店 LOGO 见图 3-12。

图 3-12　米线用车淘宝店 LOGO

二、创立源起及构想①

米线用车 CEO 谢中(见图 3-13)2002 年开始于交大铭泰担任移动应用软件销售总监,主要工作是开发软件卖给诺基亚和摩托罗拉等手机公司,是国内较早接触移动互联网的创业者,谢中也因此成为手机行业里的资深业者。由于公司主营业务是翻译服务,与谢中自己的移动应用软件业务重合度不高,因此较难在自己擅长的领域有所作为,业务板块很难受到上市公司重视。基于以上原因,谢中于 2003 年 11 月毅然从上市公司辞职,开始了新的尝试。在这两年多的时间里,他获得了丰富的职场经验,积累了大量人脉,并遇到了未来事业发展上的合作伙伴兼挚友。

图 3-13 米线用车创始人谢中

2003 年底,谢中与合伙人创办北京铭泰科技发展有限公司,主营业务是移动手机应用软件开发,公司的主要产品包括词酷手机词典及翻译软件等。用 4 年时间将手机词典产品做到国内市场第一。但随着市场与科技的发展,移动应用软件开始逐渐免费,公司面临着转型与调整。这一切并没有磨灭谢中的信心,他找准时机进行第二次创业。

2011 年 7 月,谢中创建了移动互联网企业——北京烙饼客信息技术有限公司。对谢中而言,旅行是一种热爱,旅行的过程是一种心灵的放空,他喜欢徒步旅游,曾背包独自行走近 30 个国家。凭借多年的背包旅行经验及专业的互联网背景,谢中决定积极投身于旅游行业,他创建烙饼客旨在通过线上建圈子线下参加活动实现同兴趣的真实社交。烙饼客圈子活动内容十分广泛,包括骑行、徒步暴走等。一方

① http://www.360doc.com/content/15/1111/19/17753496_512402387.shtml。

面可以帮助活动组织者推广圈子和活动;另一方面,让热爱真实社交活动的用户更便捷地找到自己感兴趣的圈子和活动。但是由于一直找不到合适的商业模式,加上用户活跃度较低,导致活动数量和更新频率都较低,烙饼客在坚持了两年多以后逐渐淡出市场。但谢中仍然没有停下前行的脚步,他在起伏的旅游圈中又找到了新的商机。

创业多年,谢中遇到了最重要的合作伙伴。两人初识于交大铭泰公司,他是公司副总裁,是老板,谢中是销售总监。思想的碰撞以及相互的赏识,使得两人合作至今。谢中认为他与合伙人的关系与“婚姻”无异,不管是在交大铭泰、铭泰科技还是烙饼客,他都是基石股东,这么多年谢中已经开发生产了十几款产品,一直得到他的支持,谢中也在用自己的努力给予合伙人一个交代。谢中称他不仅仅是合伙人,也是最重要的朋友。2011 年谢中把铭泰科技的经营管理权交给他,自己开始二次创业做烙饼客。找到合适的团队着实不易,谢中一直认为志趣相投、相互信任才是一个好的团队的基石,领导人的以身作则也同样至关重要。

在 2014 年 11 月底中国出境游人数便已破亿人次的基础上,2015 年出境游市场将持续火爆,业内预计 2015 年的出境游人数会超 1.35 亿人次。在这之中,由于二次以上出境游的游客越来越多,出境游市场将更加呈现出休闲度假的特色,自由行、半自由行以及行程轻松的团队游产品将比以往更多,这意味着出境游游客的选择也会更加丰富。

2015 年 3 月,谢中成功推出烙饼客旗下的新产品——米线用车,专注境外中文接送机专车和包车服务。在曲折的摸索过程中,有人劝谢中做游戏赚大钱,但他没有动心。在他看来这与个人喜好和性格有关。他认为人这一辈子太短,何不做一些自己喜欢的事情。米线用车目前在全球已经覆盖 100 多个国家或地区、逾 9000 座城市的接送机和包车服务。

米线用车现由 11 人的小型团队组成。团队内各个成员热爱旅游,并有一定的旅游知识背景,大家各司其职,团队工作效果良好。谢中在选择公司员工的时候,首先关注的问题是其是否热爱旅行,其次才关注员工是否是旅游行业相关人才。他一直认为唯有热爱才有工作热情,唯有专业才能够更好地服务顾客。在米线用车发展的初期阶段,谢中也曾熬夜带领团队做客服,为的是能够在第一时间解决身处异乡的游客遇到的问题。

米线用车 2011—2015 年境外小交通投资融资次数统计见图 3-14。

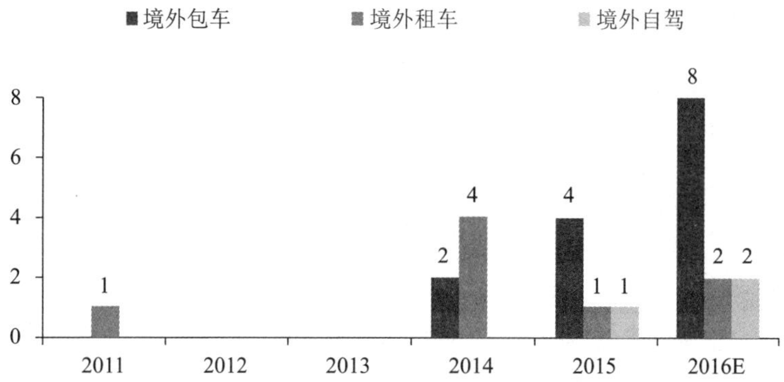

图 3-14　米线用车 2011—2015 年境外小交通投资融资次数统计

资料来源:东家智库

三、发展大事记

2011 年 7 月,烙饼客公司成立。

2014 年 9 月,米线用车项目立项。

2015 年 3 月,米线用车第一期产品上线去哪儿网,接入全球 14 个国家的用车服务。

2015 年 6 月,米线用车微信公众号和淘宝店上线。

2015 年 9 月,米线用车接入全球 100 多个国家的用车服务。

2015 年 9 月,米线用车参加央视"创业英雄汇"栏目摄制。

2015 年 9 月,米线用车 IOS 版本上线。

2015 年 9 月,米线用车产品上线携程。

2015 年 11 月,米线用车推出"全球紧急救援计划"。

2016 年 9 月 30 日,关闭境外用车运营服务。

四、商业模式

(一)核心竞争力

米线用车自创立以来,竞争对手相对来说较少。中国出境自由行市场潜力巨大,先行一步的"米线用车"在同行中竞争优势强,合作伙伴赢利空间大。随着竞争对手的增加,米线依旧凭着自己良好的服务,为国人营造了出游体验较高性价比和舒适的出游体验。并且通过与合作伙伴的努力,在一年的时间里快速推进覆盖一百多个国家的接送服务,体现了较高的执行力。米线用车通过自己特有的特色服务,让游客拥有不同的安逸舒适体验。

(二)主营业务

米线用车针对全球华人提供 7×24 小时中文客服的接送机和包车服务(中国除

外),通过微信公众号在线提供服务。米线用车专注于国人在出境游中的用车服务。米线接送机的便捷性强,灵活性强。旅客下单以后,米线会根据旅客的位置来就近选择当地的用车,根据旅客起始点和目的地来规划合理的路线,根据旅客的人数、行李多少来确定车型大小,确保给旅客提供一个标准化的、民事化的产品服务,降低旅客使用米线用车的不确定因素,将旅客出行途中的舒适度提高到最大化。

(三)赢利点

米线用车靠着出色的服务和良好的口碑,已经吸引了众多旅客使用,为超过5万人次旅客提供了优质的服务。就目前而言,米线用车有几个特点:

(1)境外的所有司机和车辆都是合法的,旅客可以放心使用。

(2)米线用车境外境内都配有中文客服,给旅客实时带来方便。

(3)米线用车刚刚启动了紧急救援计划,当旅客在境外出行时不慎丢失签证或财物,米线用车都会免费帮助旅客补办签证或提供资金(等额1000元)支持。旅客可以在回国后一周之内归还。

(4)米线用车提供当地特色碎片化产品,可供旅客以最低的价格享受当地的特色产品。

(四)市场定位

米线用车专注于出境游用车,特别是亚洲的泰国、韩国和日本。米线用车根据大量的数据统计而做出这样的经营决定。据资料显示,到韩国出境游的旅客达到617万,到泰国人数达到470万,而到日本的旅客也有400万左右。亚洲的这三个国家地势优越,距离较近,文化氛围也有相似处,故吸引了不少游客。

另外,从服务对象来讲,米线用车大致将人群分为四大类:第一类情侣;第二类亲子游人群;第三类商务人群;第四类闺蜜。这四种分类考虑到了旅游人群的消费趋势以及各自旅游的特点,从而一一相对应不同的服务。

经营的范围:以用车来做入口延伸到旅游目的地当地的产品,甚至包括未来的旅行定制。

(五)营销模式

米线用车积极与全国各地商会、社群包括合作伙伴展开合作。通过分享与互动,促使其中的旅游达人帮忙去传播和推广,口碑效应是最好的宣传方式。作为境外用车的领导者,米线用车主要通过以下两个方式进行网络营销:

1.淘宝店铺——米线用车官网

进入淘宝,搜索店铺“米线用车”,就是米线用车的官网,见图3-15。首页主要以泰国、韩国、亚洲、澳美洲、中北欧、西南欧等不同地区为划分标准来进行分区,同时又配有米线旅行的各个车型的价位,可以按人数、功能及目的地进行选择。客人可以通过官方网站享受网络定制旅游用车服务,旅行后还可以根据旅途中的感受对米线用车进行评分。

图 3-15　淘宝店铺米线用车

2. 微信公众号

米线用车通过微信公众号(见图 3-16)为广大网友提供服务。微信是最流行的社交软件,米线用车微信公众号的影响力也颇为可观。通过公众号,网友们可以方便快捷地订购用车服务。

图 3-16　米线用车微信公众号

(六)特色紧急救援计划①

2015 年 11 月 11 日,米线用车携手泰韩日三国当地合作伙伴,推出世界范围内只有米线用车客户享有的专属境外紧急救援计划。此项救援计划被誉为境外用车领域的黑金卡。米线用车客户可以享受全球顶级境外用车专属礼遇、权益和服务。包括护照遗失补办援助、财物遗失现金援助、紧急医疗援助等三个板块,这项服务旨在充分保障客户在境外紧急情况下对获得必要关注和无微不至服务的需要。该项服务属于超高等级。只要当次境外出行使用了米线用车服务,客户一旦在用车城市遇到紧急情况,米线用车客户专属救援计划即时启动,客户救援服务请求均会得到即时响应与协助。

定位人群:通过米线用车自有平台预订境外用车服务的客户。

首批开通城市:曼谷、芭堤雅、首尔、水原、东京、大阪。

1. 护照遗失补办援助

(1)语音帮助:当护照遗失后,提供境外所在地城市免费中文语音协助服务,告知客人如何应对,并指导就近报案。服务时间与当地国家工作时间同步。

(2)现场协助:当护照遗失后,可派出当地工作人员在中国大使馆现场协助、指导完成护照挂失手续,快速完成办理。服务时间与中国驻当地国家大使馆的工作时间同步 。

(3)加急办理:境外中国大使馆处理护照挂失业务需要一定周期,如客人需加急办理,可以协助联系,客人支付此项服务所产生的相关费用。

2. 财物遗失现金援助

当客户在境外出行时不幸财物遗失,只需致电米线用车,核实客户个人信息后,将提供境外所在城市市区内借送现金服务,现金额度为 1000 元人民币或等额当地货币。

3. 紧急医疗援助

当客户在境外出行突发紧急情况,需要医疗帮助,致电米线用车后,可安排当地服务商提供电话协助沟通,或安排当地工作人员送往就近医院治疗,相关医疗费用客户自行承担。

五、企业发展面临的问题

目前,米线用车仍面临着如下几个问题:

---

① http://mp. weixin. qq. com/s? _biz = MjM5ODc5MzI2Nw = = &mid = 400484329&idx = 1&sn = e-113a920448ecb5903d6babff1507518&3rd = MzA3MDU4NTYzMw = = &scene = 6#rd

（1）推广难。线上的推广基本被大的 OTA 掌控，获取流量成本很高，线下的成本也很高。关键还是要结合企业自身的特点包括资源优势，找到适合自己的方法来做一些等点突破或局部突破。

（2）获得投资难。企业要是没能获得大量的投资，做起来就比较困难。

（3）客户的满意度。用户的满意度就目前来讲还是很不错的，但也会遇到一些差评。每一个境外的合作伙伴，仅仅通过协议来约束是远远不够的。比如说司机晚点，客人的体验不好，或者是司机找不到客人的位置等，都会给客人带来不舒适的体验。当天值班的司机表现如何完全依赖于当地的合作伙伴，这里可能有一些是新司机，有些可能是经验非常丰富的。当客人有一些不理解的时候，明白怎样给客人做出解释和答复。这些问题实际上也是需要去完善的。需要与当地的合作伙伴把控好每一个环节。

六、企业未来发展规划

预计 2016 年，境外包车领域将呈现白热化竞争态势，项目会吸引风险投资，花重金铺渠道吸引用户，同时保证服务质量，在包车领域做深做透①。

米线用车正是看中了当下的市场需求②，专为到访旅游目的地的游客提供用车服务，并深耕韩国市场。米线用车 CEO 谢中告诉记者："未来，我们将从两方面拓展韩国市场。一方面，以满足不同消费层次游客的用车需求为出发点，不断整合当地用车市场的资源，高效能地提升效益；另一方面，根据赴韩游客的需求，仔细分类，如购物游、医疗观光游、亲子游、美食游、时尚观光游等，并通过与当地伙伴整合购物、玩乐、医疗、美食和亲子的落地资源，为用户提供更加便捷、舒适的体验。"

用创始人谢中的话讲"境外包车只是一个入口，希望未来做成境外旅游全品类服务提供商，将米线用车打造成米线旅行。"

七、给旅游创业者的建议

对于创业的条件，谢中认为对于创业者而言只有两个——兴趣与坚持。创业首先要基于自己的兴趣，虽然满怀一腔热血，虽然热爱，但是兴趣变成工作有时候可能是痛苦的。在这个时候需要的就是坚持，坚持最初的梦想，这样才能迎难而上，才能体味到苦中的乐，才能获得满足感。谢中多年来一直有着对生活对创业的感悟，他认为要不断积累经验，必须时刻认清企业目前所处的阶段，规划企业的未

① http://www.pinchain.com/article/62726。

② http://paper.people.com.cn/zgcsb/html/2016-02/01/content_1652278.htm。

来。甚至对于马云、刘强东也是如此,他们本身聪明,但是对创业的感悟使得他们能够很好地捕捉到这样的机会,并抓住机遇,这对每个创始人来讲都是需要去学习的地方。

拥有十几年创业经验的谢中,在团队组建及管理方面已经游刃有余。他认为一个企业的成败关键在人,需要正确处理与对待企业发展和员工发展匹配度的问题。如果企业发展较快,未能跟上步伐的员工就会被淘汰;企业发展较慢,有想法的员工会离开。创业会经历很多的起伏,需要不断地转型与调整。

企业文化的形成一直与领导人有着密切的联系。在谢中看来,公司的企业文化可以概括为三个词"热爱、坚持、价值"。谢中一直认为要热爱自己的工作,唯有热爱才有坚持下去的动力,才能够勇于面对企业经营过程中的起起伏伏。坚持是米线用车的信条,这两个字不仅是对谢中自己而言,也是对公司,对职员而言,不管遇到什么样的困难,只希望大家能够坚持住并在这个过程中获得进步。谢中认为,现在所做的事情只要能够为用户带来价值,就值得义无反顾地去做。米线用车秉持着"热爱、坚持、价值"的信条,用心地为顾客服务。谢中经常凌晨三四点还在加班做客服,他认为如果因为热爱、因为坚持、因为自己的用心服务能够为用户带来价值,这一切便值得勇往直前,义无反顾。

附:致未来合作伙伴的一封信

亲爱的未来伙伴:

从 2014 年 9 月底到现在,"米线用车"奔驰在路上,已经进入第二个年头。回想去年此时,境外用车服务还只是一个想法,经过团队一年的摸索与开拓,在全球范围内签约了近百家地接社,用车服务覆盖超过 100 个国家,9000 个目的地城市。产品上线半年多时间,服务自由行用户近 50 000 人次。

一年来,随着"米线用车"与合作伙伴的深入合作,我对于"合作伙伴"的理解,也变得逐渐清晰:"米线用车"能为未来伙伴带来什么?合作伙伴对"米线用车"又意味着什么?通过合作,我们可以共同为自由行用户创造什么价值?我想分享一些我的想法,期待与未来伙伴一起,在创业这条道路上,来一次自由自在的 Road Trip,共同发现和挖掘沿途美景。

"米线用车"从立项开始,就确定以出境自由行为目标市场,以"用户、价值、热爱、坚持"为企业价值观。我们坚信只有做好产品和服务体验,才有可能创造出我们共赢的未来。幸运的是,经过一年的发展,"米线用车"已经和近百家合作伙伴们一起在路上。尤其在产品落地和服务体验上,我们的合作伙伴给予了超常的配合与付出。从这个角度来说,我们的未来就在我们的脚下,美好就在前方。

一、“米线用车”能为未来伙伴带来什么价值?

a. 中国出境自由行市场潜力巨大,先行一步的“米线用车”在同行中竞争优势强,合作伙伴赢利空间大。

b.“米线用车”将成为你们的中国出境自由行运营中心,面向全球华人市场,帮助合作伙伴低成本解决客人来源问题。

c.“米线用车”的本地运营策略将极大降低合作伙伴在中国市场区域覆盖和运营的成本。

d.通过对用户出境旅行产品需求的市场数据分析,给合作伙伴提供更好的精准服务建议。

e.提供全方位营销支持,包括:国内自有渠道、OTA 渠道的搭建,设专人负责与合作伙伴的合作对接。

f.有机会成为“米线用车”事业的合伙人。

二、“米线用车”需要什么样的合作伙伴?

a.拥有当地国合法服务资质,能提供服务 FIT 用户的优质产品的境外地接伙伴。

b.拥有足够的运能。

c.所有车辆拥有当地国合法资质,高等级车辆保险。

d.提供 7×24 小时全天候的免费客服,用户能在境外享受随时随地的专车服务。

e.碎片化旅行产品模块标准化,结合独特非标准化产品,全方位满足用户个性化需求。

f.在用户遇到紧急情况时,能给用户提供紧急援助计划。

三、我们的合作能为用户带来什么价值?

a.中文客服可以解决用户境外出行的语言问题。

b.提供超值的、公开透明的用车价格和安全省心的坐乘体验。

c.所有境外用车服务可以随时随地用国内支付手段完成支付,解决用户携带大量现金的困扰。

d.所有境外车辆,在当地国拥有合法运营资质,拥有高等级车辆保险,一旦发生意外,我们会第一时间先行赔付用户。

e.提供境内和境外、7×24 小时全天候免费客服,让用户在境外享受随时随地的专车服务。

f.为用户提供紧急援助计划,在用户遇到紧急情况时,在最短时间内协助用户处理相关事宜。

g.为用户提供最具特色、最能置身于目的地风俗文化的旅行产品。我们将携手带领用户进入更加丰富多彩的世界。

一年以前,我不会想到在短短的一年时间,会有这么多的合作伙伴和我们一起前行。感谢伙伴们对“米线用车”的信任!

展望未来,我畅想:通过合作,我们可以更灵活地参与到出境自由行个性化产品和服务的提供中去,而且可以从这样的协同配合中获得更丰富的价值回报。更重要的是,你我的边界将可能逐步打破,形成“你中有我,我中有你”的共生状态。这将为我们的未来展开全新想象。

在“米线用车”引擎启动的第二年伊始,我的未来合作伙伴们,“米线用车”期待和你一起在路上!

谢中　创始人 &CEO

2015 年 11 月 16 日

案例 5　蜜游网

一、企业简介

蜜游网——中国第一个专注“蜜月旅行”细分市场的垂直电商，以“蜜月游”为入口延伸“海外婚礼、海外婚纱摄影”等服务。蜜游网 LOGO 见图 3-17。

图 3-17　蜜游网 LOGO

蜜游网创立于 2014 年 12 月，总部位于成都。拥有国际出境旅行资质。

蜜游网定位为以服务蜜月旅行用户为核心的蜜月旅行专家，开创“两人成团”的模式，并提供海外婚礼与海外婚拍服务。目前覆盖了包括泰国、马尔代夫、毛里求斯、斯里兰卡、希腊、斐济、大溪地等在内的 22 个蜜月旅行热门目的地。蜜游网提供的产品以定制游为主，并设有资深的行程规划师为游客量身设计专属的蜜月旅行产品。关于蜜游网的定制旅游，则会在每个目的地推出“品质”“轻奢”“奢华”三款价位产品，同时游客也可以在已经呈现的三款可视化产品基础上提供 DIY 要求。

二、创业源起及构想

近两年，在线旅游市场细分化越来越明显，围绕着定制游、亲子游、周边游等领域开展业务的创业公司如雨后春笋般涌现，然而在蜜月游市场，专注于这一领域的企业却鲜有出现。作为中国唯一专注蜜月旅行的旅游公司，蜜游网将细分业务切入点指向了海外蜜月旅行服务。对于这一市场，蜜游网 CEO 李锐表示，在现代社会，蜜月旅行已经成为新婚夫妻的刚需，越来越多的人不再看重婚礼仪式，而是将蜜月旅行作为结婚的必选纪念。

目前适婚年龄已趋于泛 90 后，传统跟团游不再被这类人群选作蜜月旅行方式。而蜜月游却是大多数人的首次出国旅行，面对错综复杂的自由行存有一定障碍。蜜游网就是要解决蜜月游人群既不愿意跟团，又规划不好自由行这一痛点。蜜游网官网网页见图 3-18。蜜游网手机 APP 见图 3-19。

图 3-18　蜜游网首页

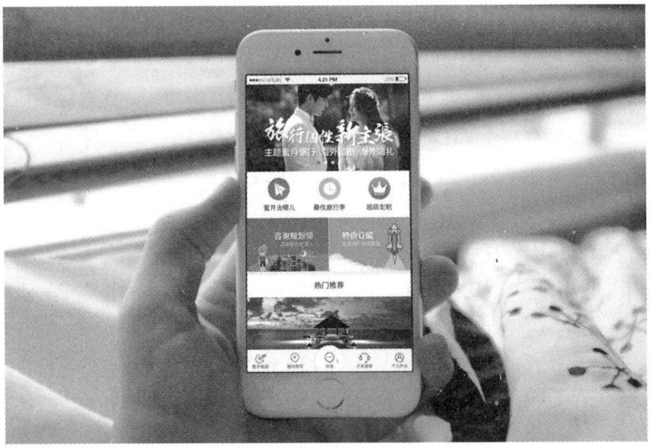

图 3-19　蜜游网手机 APP

团队成员照片见图 3-20 至图 3-23，成员列表见表 3-1。

表 3-1 团队成员列表

姓名	出生年月	受教育经历	工作经历	个人特点
李锐 创始人 &CEO	1980.8	毕业于四川大学电子商务专业	7 年传媒履职经历，前成都传媒集团旗下成都购服务中心总经理、成都好房网 CEO 前房地产移动营销平台“客立方”联合创始人（客立方现已发展成拥有全国 100 多个城市代理商，有超过 500 个开发商使用。http://www.lsklf.com）	商业敏感度高，逻辑性强，思维缜密，追求标准化建设。擅长消费者心理把控及服务体系建设
税琦 VP	1981.3	毕业于四川大学投资与金融专业	前香港维思・罗杰斯商业地产顾问管理有限公司市场总监 前定制旅游公司“鼎级定制” CEO	执行效率高，渠道开拓和资源整合能力强，擅长策划包装及卖点提炼
龚坪坪 CTO 兼视觉设计师	1986.4	毕业于重庆教育学院装潢艺术设计专业	前猪八戒平台首席前端兼设计师，具有 10 年的视觉设计经验	设计高手，成都排名前 3 的 UI，拼命三郎，领导力强，技术部在她的带领下犹如铁军般勇往直前
黄溢 产品总监	1987.3	毕业于安徽工程大学生物技术专业	前宁波神化化学品经营有限责任公司销售总监 前成都汤谷文化传播有限公司策划总监	极具天赋的旅行设计师，屁股指挥脑袋的思维方式。秉持以客户需求为导向的产品设计理念

图 3-20 创始人 &CEO 李锐

图 3-21 VP 税琦

图 3-22　CTO 兼视觉设计师　龚坪坪

图 3-23　产品总监　黄溢

三、发展大事记

2014 年 10 月，取得蜜游网 meyouone.com 域名，并启动商标注册保护。

2015 年 1 月，蜜游网官方微信上线，具备“蜜月规划”“蜜月预订”“行程管家”三大功能。

2015 年 1 月，与韩国排名第一的摄影公司 chung studio 签署中国区排他性协议，推出赴韩“蜜月+婚纱摄影”套餐。

2015 年 1 月，推出“全球蜜月圣地最佳出行时间及价格宝典”的交互式 H5，传播及阅读量逾 10 万。

2015 年 3 月，蜜游网官网 www.meyouone.com 上线，天猫 tmall.meyouone.com 同步上线。

2015 年 3 月，于成都春季婚博会亮相，蜜游网理念及产品获得客户高度认可。

2015 年 7 月，蜜游网与中国最大婚庆 O2O 平台到喜啦达成合作，在到喜啦平台开发蜜月游频道，由蜜游网提供产品及销售。

2015 年 8 月，在成都与各区民政局合作。

2015 年 9 月 5 日，获成都市政府 20 万元创新基金奖励。

2015 年 9 月，在“第四届全球旅游网络营运商合作交流会”上获得“2015 年最值得投资的在线旅游创投项目”冠军。

2015 年 11 月，被评为“成都市百强创新型电子商务企业”。

2016 年 5 月，获百舸资本 800 万元投资。

四、商业模式

(一)核心竞争力

有数据显示，中国每年约有1400万对新人结婚，其中有超6成的新人会安排蜜月旅游，蜜月游市场前景广阔。关于如何才能抓住这一市场机遇，蜜游网认为“细节和服务”是核心。

对于蜜月游，CEO李锐有自己独特的理解，在他看来，蜜月旅行不只是简单地选择一个蜜月圣地出游，而是一种特定的行为，作为新婚夫妻组成家庭之后的第一次出行，除了旅游和观光，还有特殊的意义在旅途之中。蜜游网会为新婚夫妻的第一次旅行安排诸多带来难忘回忆的蜜月元素，包括但不仅限于蜜月房、烛光晚餐或者是象征爱情誓言的仪式。

“发展蜜月游在一定程度上也填补了旅游市场淡季出游的空缺。”婚假是中国工薪阶层最能自主的一个假期，蜜游网会引导游客选择在淡季出游，这样可以为用户节约出行成本，也会避免因为旺季人多而影响出行体验。对于蜜游网本身而言，采购成本也会降低。关于目的地产品的采购，蜜游网基本是选择以当地精品有特色的小众资源为主。一方面是因为蜜游网对于目的地采购资源品质的要求很高；另一方面，蜜游网采用两人成团的模式，小众精品的资源更适合蜜月旅行。李锐表示，旅游本身是细节为王的行业，核心竞争力就是对于服务细节的追求，蜜游网始终追求在细节上比其他企业做得更好。

(二)主营业务

对于未来蜜游网业务的拓展，将会从横向、纵向两方面进行。横向业务蜜游网十分看好海外婚礼和海外婚纱摄影市场，这是蜜游网未来会重点发展的业务。而在纵向维度，目前蜜游网的产品其实已经适合情侣游、闺蜜游、同性恋旅游以及金银婚纪念游人群，未来也会从人群划分上进行延伸拓展。现阶段蜜游网对于横向纵向的业务拓展已经在试水当中。比如海外婚礼和海外婚纱摄影，已经在筹备相应的资源：在客户群拓展方面，推出了父母补度蜜月的相应产品，并受到极大好评。如图3-24所示。

李锐表示，蜜游网的目标就是成为中国蜜月旅行海外婚礼海外婚纱摄影的首选品牌，并以蜜月游为切入口，成为一个家庭未来出游的旅行大管家。“一对新人组成家庭的第一次出游交给了蜜游网，并且十分满意，之后的出游也可以交给蜜游网来做，这是蜜游网未来的发展方向。”

蜜游网海外婚礼图片见图3-25。

图 3-24 我给爸妈补蜜月

图 3-25 蜜游网海外婚礼

(三)赢利点

蜜游网大多采取公开透明的方法,以向客户公示成本、收取服务费的方式获取收益。

(四)市场定位

针对现代人的消费心理特点以及现今婚庆消费市场走向,作为中国唯一专注蜜月旅行的旅游公司，蜜游网立足新婚人群，并向闺蜜、同性恋、纪念日、金银婚人群扩展，并以此为入口，希望成为家庭旅游的首选大管家。

（五）营销模式

蜜游网以 B2C、B2B 两种销售模式为主。

（1）B2C 主要是以自建平台（官网、APP、微信等）进行营销宣传以及入驻淘宝、携程等各大平台。

（2）B2B 以旅行社分销、婚庆行业分销为主。通过与旅行社、婚庆公司合作，挖掘他们的潜在客户，并与之合作，提供婚礼、蜜月一站式服务。

（3）展会营销：以婚博会为主。

五、面临的问题

如今，低品质产品的价格冲击依然是严峻的市场挑战。旅行是一项综合性很强的服务。服务提供者的商品品质大多需要体验后方可评述。蜜游网在“不进购物店、提供精细化服务”等方面增加了产品成本，必然零售价格相对偏高。以价格为导向的客户在选择蜜游网产品时会有所犹豫。

然而，随着品牌的渗透，客户的好评等因素，以及客户消费理念的提升，这一障碍将得到缓解。

六、未来规划

1. 品牌建设

将蜜游网打造成为“蜜月旅行、海外婚礼、海外婚纱摄影”第一品牌。

2. 深度掌握落地资源，确保万无一失的服务品质

大力发展海外办事处，不排除参股一些小而美的地接社。

七、给旅游创业者的建议

（1）做正能量的产业。

（2）做“离钱近”的生意。

（3）不要一味追求颠覆，做精做细也能成功。

（4）团结好一帮有共同价值观的核心团队。

（5）可眼观六路，切忌样样参与。

（6）在没有基础前，只能务实。

案例6　泡泡海

一、企业简介

泡泡海旅游网创立于2011年，是中国最早专注于海岛旅游度假的电子商务网站之一。成立之初，泡泡海就以全球海岛旅游度假服务商定位市场，专注于成长迅速的海岛旅游细分市场，率先为游客出行提供全球海岛最全面、最专业的旅游资讯、出行情报、旅行攻略及产品预订等一站式旅游服务。泡泡海旅游网已有200个以上的海岛及海滨城市目的地旅游产品，30 000篇以上的海岛旅游攻略，超过1000篇网友旅游体验评论以及“潜水”“海钓”等特色玩海专题，特有的著名旅游达人撰稿资源，为网站提供时下最新鲜的鲜为人知的海岛旅游地资讯及玩海攻略，他们对旅游有着更深层次的理解和更多样化的体验方式，助力网站每周定期更新《发现新鲜海岛目的地》专题，向网友们推荐全球最新海岛旅游度假休闲地资讯及定制化旅游产品和服务。同时，泡泡海旅游网官方微博也得到了数万网民的关注与喜爱。2014年，获得了由《创业家》杂志社举办的黑马大赛互联网旅游行业决赛冠军。泡泡海旅游网LOGO见图3-26，泡泡海CEO见图3-27。

图3-26　泡泡海旅游网LOGO

图 3-27　泡泡海 CEO　李蓉

二、创业源起及构想

泡泡海创始人李蓉在创业之初，对旅游消费市场的发展情况做了大量的调查和分析：

（一）消费者出游方式的转变

消费者青睐的出游方式由团队游转变为自由行。据上海中国青年旅行社及携程旅游统计显示，自 2010 年自由行市场快速增长，消费者出游，大部分线路自由行成为首选，去三亚、厦门度假的客人，九成旅游者选择预订自由行出行。2012 年春节，预订携程厦门自由行产品的游客量增长超过 50%。消费者已经从以往一切由旅行社"包办"出行，逐渐转变为追求自由、享受、轻松、愉悦的旅行过程，特别是年轻游客已经习惯自由行的旅行方式。

（二）消费者对旅游产品需求的转变

消费者对旅游产品需求由观光游转变为深度游、度假游。随着中国人均可支配收入的持续增长和人们出行观念的改变，在旅游产品选择上，人们更加注重内涵和品质。一国一地的深度游和度假型产品受到青睐。度假休闲旅游俨然成为一种健康向上的生活方式。几年前的上车睡觉、下车拍照的观光旅游时代已经逐渐成为历史。

（三）休闲旅游将是中国旅行市场的下一个"潜在金矿"

根据 entravel 的数据，2012 年，中国 70%的旅行是出于商务目的，只有 30%是休闲旅游。而在美国，这两个数字恰好反过来。德意志银行的分析报告认为，休闲旅游将是中国旅行市场的下一个“潜在金矿”。在未来5年，休闲旅游的增速将是商务旅行增速的2.4倍。预计到2016年，商务旅行的占比降到55%，而休闲旅游的占比升至45%。如图3-28所示。

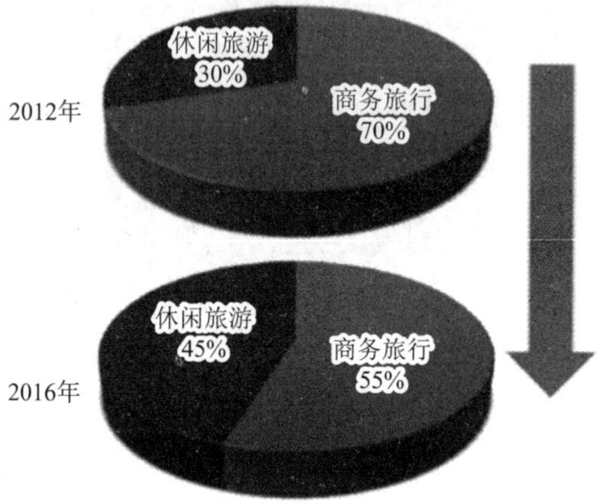

图3-28　休闲旅游与商务旅游比例(来源于：泡泡海旅游网)

（四）“海岛游”成为消费者年度最喜爱旅游产品

途牛旅游网与国际旅游学会联合发布了《2011年度热门目的地分析报告》，分析报告数据显示，中国消费者年度出游最爱集中在海岛游主题，东南亚方向及我国海南方向“状元”轮流当，稳居分析报告“每月热门目的地方向排行”前两位。

（五）在线旅游市场发展现状

1.在线旅游市场规模急速扩大

根据艾瑞咨询报告，2011年中国在线预订市场交易规模达1672.9亿元，较2010年的1037.4亿元增长61.3%，且未来4年中国在线旅行预订市场规模将呈持续高增长态势。用户预订行为从线下转向线上的趋势不可逆转，艾瑞咨询预计，2015年，在线预订市场交易规模将达到5900亿元。2011年中国在线旅游市场交易规模占整体旅游交易规模的比例升至7.6%，而美国市场已达到70%以上的渗透率。中国在线旅游市场未来发展空间巨大。中国在线旅游市场交易规模见图3-29，中国旅游市场交易规模见图3-30。

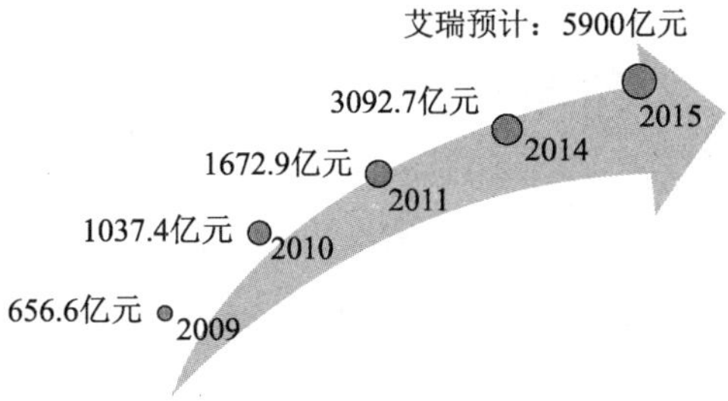

图 3-29　中国在线旅游市场交易规模

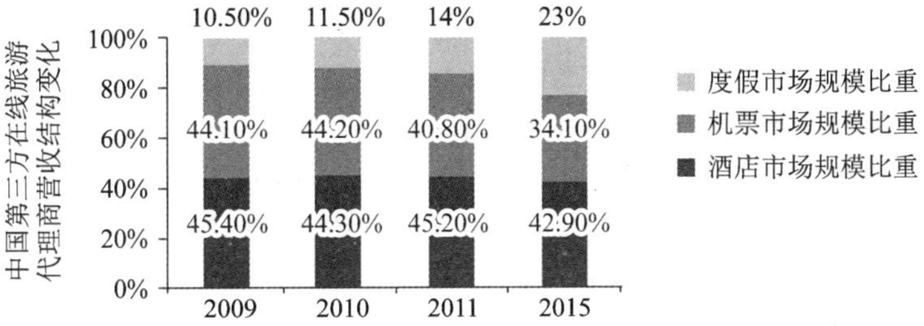

图 3-30　中国旅游市场交易规模

2.度假产品营收比重持续上升

艾瑞咨询统计数据显示,2011 年中国在线旅行预订市场中,度假市场规模比重为 14.0%。与 2010 年相比,上升 2.5 个百分点。

3.垂直细分化旅游电商稀缺

由于用户预订行为从线下向线上转移速度加快、度假休闲居民增多、出境游升温、自助游及自驾游受年轻人追捧等因素,在线旅游运营商将向两极化方向发展,即分为综合型和垂直型。综合型运营商如携程、同程、艺龙、芒果等的产品线将不断扩充,市场竞争愈发激烈,而专注于某一产品的垂直型运营商则凤毛麟角。在成长迅速的细分海岛领域将电子商务做深、做专、做出特色,提供优质的产品和服务,赢得用户,将会引领中国在线旅游电子商务走向专业、垂直、细分化时代。

泡泡海在研究这些趋势后,得出了一个判断,符合这些趋势的重合点其实是海岛度假。首先,海岛度假不需要跟团,相对来说是一个自由的行程。其次,海岛游也不是一个观光旅程,很多的海岛可以说是大同小异的。游客去任何一座海岛时,其实有可能不是去观光,更多的是为了寻找心灵的平静,陪伴家人享受度假的时光,所以相对接近度假游。当度假游加自由行市场重合的时候,度假海岛将是中国人在未来度假的一个很重要的目的地。在 2012 年时,济州岛的旅游人次差不多有三百万。实际上，通过携程去济州岛的人还不到十万人。在这样一个快速增长、快速成长的市场里面，其实一些大的在线OTA可能还没有进入市场布局，在这样一个专注于海岛度假的细分领域里面，他们顺势而为，领先一步——泡泡海的诞生，将引领中国旅游电子商务走向专业、垂直、细分化时代。

三、发展大事记

(1)2011年泡泡海旅游网创立；

(2)2012年9月1日至2012年10月7日，泡泡海旅游网携手三亚、全家便利店共同发起“全家去三亚，一起泡泡海”活动。

(3)2012年11月24—25日，泡泡海旅游网与卜蜂莲花合作，在卜蜂莲花上海正大门店开办韩国旅游产品专场。

(4)2013年6月12日，泡泡海旅游网携手吉祥航空、三亚旅游局，“暑期三亚亲子游产品”广告在东方CJ(东方购物频道)热播，反响热烈。

(5)2013年7月，泡泡海旅游网携手三亚旅游网、全家便利店、吉祥航空开展“三亚泡泡海，全家都吉祥”跨渠道整合营销活动。

(6)2013年7月，泡泡海旅游网携手塞班旅游局开展“塞班有骑趣”塞班环岛自行车赛招募活动。

(7)2014年6—8月，泡泡海旅游网携手三亚旅游委开展“三亚亲子欢乐节”整合营销活动。

(8)2014年9—12月，泡泡海旅游网携手招商银行、福建建发国旅开展“非常厦门”活动。

(9)2015年7月，携手海峡股份开启“中国红，西沙蓝”西沙旅游市场宣传活动。

(10)2015年10月，携手上海松江旅游委，成功策划执行“星耀松江，上海首届亲子音乐节”活动。

(11)2016年1—12月，携手三亚旅游委策划执行“三亚四季示范性产品的营销与推广”活动。

四、商业模式

(一)核心竞争力

1.专业化、细分化

专注于海岛、海滨旅游度假资讯、咨询、预订一条龙服务，做深、做专、做出特色。

泡泡海旅游网专注于海岛旅游细分市场，向全球优势地接社或批发社采购常规海岛旅游产品，为客户提供最全面、最丰富的海岛旅游度假产品。他们并不是像批发商一样垄断资源、追求规模，不是传统的电商，也不是在网站上增加内容的频道，而且市场上已经存在很多 OTA（在线旅行社）。他们力求把产品内容做成独特的、讲究定位的、高难度的，使内容本身拥有价值，网站上所有的海岛产品都必须是经过他们自己的评价体系和入选标准筛选出的结果，力求打造出有内涵的、高品质海岛产品，希望树立一个海岛产品的权威。对于每一个客户来说，泡泡海不只是物美价廉的，而且是值得他们信赖的网站。

2.定制化产品

根据客户需求提供多样化、个性化、定制化产品，打造与众不同的出游享受。紧密整合上下游旅游资源，为特别客户（如高端客户等）提供定制化产品。

3.紧跟服务

不断提供细致、周到的旅游服务，提高服务质量，从细微处打动消费者，打造最优秀的旅游服务品牌。

4.全球海岛旅游资讯集大成者

提供全面、丰富、详尽的全球旅游海岛目的地旅游资讯、出行情报、旅行攻略等，成为权威的旅游资讯发布平台，保证客户出行一网打尽。提供准确的咨询，完全是经过旅游局或当地旅行社认证的、准确的资讯。

资深旅游行业从业人员，包括专家、学者顾问团队，构建出一个具有优秀的策划和执行能力的团队。拥有丰富的旅游媒体资源及多元化的工作团队，跨媒体、跨渠道的整合营销能力。泡泡海有两个联合创始人，一个是资本层面的合伙人，拥有政府资源，另一个是拥有丰富的旅行社方面经验，对业务层面熟悉的合伙人。泡泡海专注于网站的搭建和旅行社线下供应商体系的搭建。泡泡海创始人李蓉和她的创始团队拥有媒体背景，这让泡泡海的媒体属性十分突出。李蓉说：“我们发现，创造有价值的内容比开发高品质的产品更容易。”泡泡海的媒体属性让他们对产品有一个策划和包装的能力，他们有先天的媒体基因，他们可以把一个产品包装成一个故事或一个概念或一种情感，让一个简单的产品拥有多重内涵。

5.突破传统

给旅游局、航空公司、景区酒店做体验报告或者点评和采访，形成产品内容优势。完全突破传统的营销，打通产品和市场推广的链条。基于产品定位，推广和营销三亚四季游，在这里面，既有线上又有线下，还有营销的价值。并不是线上买流量或者是单纯的流量转换，而是打破常规的营销渠道，利用他们产品策划能力和资源整合能力与上海很多大的银行合作，传统的旅游公司在这些方面的营销能力还是稍逊一筹。

他们做的就是有别于传统、难以复制的东西，单纯的电商或旅行社是难以做到的。一家电商 OTA 很难有他们的内容创造能力，一家传统的旅行社很难有他们的媒体和营销能力。互联网的更新历程是很快的，只有真正做到自己，做到难以复制，才不会被比下去，才能真正在这个浪潮里站稳，独树一帜。

(二)主营业务

1.提供有态度的内容

他们花了很多时间筛选供应商，泡泡海旅游网一直做的是有态度的内容，向用户提供一个全球海岛的旅游攻略、游记、咨询等的一站式平台。在泡泡海网站上线一开始，他们就提供了全球将近 300 个海岛目的地的咨询内容。泡泡海的创始人李蓉是以传统媒体背景出身，所以他们提供的资讯是准确的，是能够经过旅游局或当地旅行社认证的资讯。在收集信息方面，他们采用的是专业生产内容(视频网站)、专家生产内容(微博)，来提供全球上传目的地的资讯，创造有态度的内容。

2.提供有内涵的产品

目前市场上有很多旅游网站，很多都提供海岛游的产品。比如说，随便一个大的 OTA 旅游网站，对于一个长滩或是一个普吉岛，密密麻麻可能有几十个或一百多个相关的产品。那对于一个普通的旅行者来说怎样去筛选，怎样去分辨适合他们自己的海岛度假产品，是很难抉择的。泡泡海网站上提供的都是精选的、优质的海岛度假产品，一个个有故事、有概念、有情感、拥有多重内涵的海岛度假产品。一开始就摒弃了一些粗糙廉价的海岛度假产品，只向用户提供有内涵的海岛度假产品。

3.不完全是定制

你的旅行可能是为你独家定制，也可能是套餐选择，可能是自由行，也可能是半自由行。泡泡海只提供你需要的。如果你需要有当地的一日或两日的行程，他们可以给你做套餐的安排，但是如果你不需要，你只需要在酒店里面晒晒太阳，泡泡游泳池，也没有任何问题，他们会给你安排好你的活动。他们提供的产品是有品质的、有内涵的，所有海岛游产品都是经过他们的专业筛选，并不是给你越多越好，只希望给你最好的用户体验。比如说，一个普吉岛，如果给你的是五六十套产品的选择，那么你可能无从判断，而他们只给你提供五六条，但这五六条是经过他们特别筛选、辨别的，所有提供的产品都是优质的。他们也把自己的产品进行分类，有的适合新婚蜜月，有的适合带着孩子，有的适合全家老小，他们要做一个产品精细化的过程，有专业的标准和专业的选择。做一个精细化产品的供应商品牌是当年泡泡海创立初衷，在这个过程中对于供应商的选择和产品的优化是一个逐步完善的过程,所以泡泡海能够做到今天。你可以在他们的网站上发现,他们没有太多的产品,但是每一条产品都是筛选过的,值得推荐的,值得你去一探究竟的。

(三)赢利点

网站赢利的前提是游客大多是外地人,需要从外地获得当地的旅游信息,而最快捷、最准确又最全面的方式就是网络。当外地人获得了旅游线路信息和价格,需要预订旅游线路时,首先选择的一定是提供信息的网站所在的旅行社。

网站赢利模式建立过程,是建立一个页面精美的交互式网站。可以自主修改发布网站的信息,添加最新的旅游线路信息和景点图片或修改酒店机票价格,便于客户了解最新的旅游信息。

购买搜索引擎的广告位对于旅游网站赢利以及赢利的规模就显得尤为重要,泡泡海通过和大型门户网站合作,网站可以随时显示在有旅游需求的用户面前,使客户在搜索旅游类关键词时可以方便地找到他们,提高旅游用户访问的规模,扩大赢利规模。

客户通过泡泡海了解景点当地的细节,选择适合的旅游线路,并评估预算,通过电话或在线方式询问旅游细节或者直接在网站上提交旅游订单。网站收到订单后可以直接和用户联系,也有部分游客采取电话预约,网站会派人在指定时间到机场或车站接客人到网站办公点签约或交款。

综上所述,泡泡海赢利点主要来自于两方面。一方面是旅游产品的销售,好比旅行社的流水,这样的流水对于一家中型旅行社来说也是正常的;另一方面他们相对于传统旅行社是一个网站,在这方面的收入是非常稳健的,每年都有不错的营销收入,利润率很高,让公司正常稳健地发展。

(四)市场定位

一开始基于很多传统的旅游业务,经过了一个从批发商到地接社的选择过程,他们最终确定了海岛供应商的这个选择。对于他们来说,从一些大的批发商手里采购产品,这些产品的同质化是非常严重的,很难给客户更多的选择,所以他们选择开始逐渐下沉,从一些大的批发商手里去寻找一些目的地的供应商,这些供应商可能就是当地的旅行社,在当地可能有他自己的资源优势或一些价格优势。如果他们就只是从几个批发商手里拿产品,这可能是最简单的方式,但是这很难达到他们产品的独一性或者是产品的稳定性和可靠性的目标,所以他们确定海岛供应商的过程并不是一蹴而就的,而是一个不断优化的过程。从产品本身的包装一直到资源的累积,对于合作渠道的筛选也是一个过程,他们希望客户从泡泡海网站上去订购产品。而如何寻找到目标客户群体,如何精准地抓住目标客户,则是一个很难的问题。从网上引流过来的客户可能并不是自己的客户,这些客户更多的是对价格比较敏感,更加关注价格便宜的产品。

一方面,产品的来源从批发商到地接社,另一方面由从网上引流客户群到自己的精准客户,他们经过了两年的时间。第一年更多的是构建产品供应商的体系,第二年更多的是精品客户群的获取和渠道的拓展。在创业的第二年里,他们花了很多时间去构建自己的合作渠道,打通银行合作的渠道。在网上很多地方我们可以发现一些银行的合作专区,他们认为银行的信用卡持卡优质用户可能是他们的合作伙伴,然后他们通过跟一些银行或一些有价值的俱乐部合作,不断地获取自己的精准用户。

他们还研究过很多国外的海岛旅游目的地产品,如果想要把规模做起来,可以去承包,形成批发商的模式,但这样使得产品失去了独一性的特点。所以他们并不会去重复这种模式,对于国外的海岛产品,他们有自己的重点,会筛选出五到六个比较新鲜的、优质的海上目的地去与地接社深度合作。他们不想走与其他旅行社雷同的线路。

(五)营销模式

1. 泡泡海官方网站

泡泡海官方网站的网址是 http://www.paopaohai.com ,首页如图 3-31 所示。为游客出行提供全球海岛最全面、最专业的旅游资讯、出行情报、旅行攻略及产品预订等。泡泡海旅游网目前已有 200 个以上的海岛及海滨城市目的地旅游产品,30 000 篇以上的海岛旅游攻略,专为游客提供有态度的内容,有内涵的产品。提供在线客服,随时为游客答疑解难。服务电话为 400-062-1186,021-55135515 。

图 3-31 泡泡海官方网站

2. 泡泡海官方微信

微信支持跨通信运营商、跨操作系统平台通过网络快速发送免费语音短信、视频、图片和文字，使人们沟通十分便捷，目前已经成为了最流行的沟通工具。泡泡海利用官方微信，向游客提供海岛、酒店资讯，提供海岛套餐旅行，为你制定详细的日程安排，背上行李出发吧。还可以制作语音明信片，让泡泡海帮你表达爱意。泡泡海官方微信见图 3-32。

图 3-32 泡泡海官方微信

3. 跨界营销

目前自费旅游是旅游的一个趋势，它更像是一个概念，泡泡海并不认为看微信，用 Wi-Fi 就是自费旅游，自费旅游对于旅游界作为一个概念的意义多过于一个实际的操作。所以，他们在营销上面突破传统营销，更多的是一些跨界营销，形成一个非常独特的竞争优势。因为他们独特的竞争优势使得他们和三亚旅游局合作，帮助三亚旅游局在华东地区营销和推广。一开始他们做过“全家去三亚”这个项目——全家去三亚一起泡泡海，全家就是在整个上海大街小巷都有的店铺，全家在上海有一千两百多家门店。他们逐渐打通了全家的线下便利店渠道，只要在全家消费满 15 元，就送 1000 元的现金优惠券，其中包含三亚最好的五星级酒店消费券，比如说 200 元的升级海景房，200 元的 SPA 券，200 元的下午茶券等。全家在上海的客户群体主要是白领，这样的群体可以成为三亚自由行的客群。像这样的营销案例他们做过很多，他们一直做的都是打通不同渠道的不同资源的跨界整合营销，包括第二年做的“三亚泡泡海全家都吉祥”，这次他们除了与全家便利店合作，还设立了吉祥会员（吉祥航空的所有会员）体系。营销一直都是泡泡海的一个重要竞争优势，他们的营销是非常跨界的，线上线下构成一个闭环。比如他们现在做的三亚四季示范性产品营销和推广，春季的运动主题，夏季的青色主题，秋季的红沙蜜月，冬季的奢华度假，每个季节五到六条的示范性产品，结合线上到线下的资源，结合不同的银行一起做这个创新性的营销手法。

他们与一些旅游集团、旅游酒店还有跨界的合作，网站就是搭建一个使客户了解旅游信息的平台，有他们旅游资源的整合。在上线后的一年多时间里，泡泡海把主要精力放在了产品的内容上，重点解决海岛旅游“如何去、怎么玩、买什么、住哪里”的问题，提供一站式攻略。

除了整理旅游资料外，为了获取高质量的内容，泡泡海的编辑部同志们还会电话采访旅游达人，记录对方的旅游见闻，并以对方的口吻写成游记。它还开设了酒店体验频道，对旅游目的地的住宿条件进行评估。

五、面临的问题

现在面临的问题主要是公司规模化扩展。当所有的公司发展到一个节点上时，都在考虑公司要不要追求一个规模化的问题，要不要控制几个目的地，做资源总代理，然后怎样提高整体的流水，怎样高速地实现翻倍的增长。是控制资源，还是直接去买断资源，会迟疑该走传统的批发商模式，还是追求流水，追求规模，抑或是坚持目前这种小而美有自己独特品位和价值的网站运营模式。

六、未来规划

他们在过去的几年里，虽然为客户提供了很多的目的地旅游产品，但实际上对于很多海岛度假的产品也只是推荐，而且他们在 2015 年的第四季度拿到了整个西沙旅游的华东总代理授权，所以在 2016 年他们计划做一个单点突破，单点最主要的是西沙。因为西沙对中国来说是一个比较特别的旅游目的地，对中国人来说是独特的，而且是稀缺性的旅游景点。所以在 2016 年公司的重点计划是突破西沙旅游的单点。

七、给旅游创业者的建议

在这个年代，创业不是一件比打工更加光荣，或者是比其他职业更加狗血的事情。不是说什么人能够创业，什么人不能够创业。也不是说自己身上有什么样的品质应该去创业，没有什么样的品质就不应该去创业，创业只是一种对自己生活方式的选择。

在中国这个大众创业、万众创新的时代，不乏很多创业的人，有些人是有创业动机的，而有些人只是因为找不到工作，被逼无奈才自己去创业；有的是有一种想法，看好这个点，认为这是市场的一个空白点，且是有发展的一个点，他愿意抛开现有工作去下海创业。事实上如果想创业这些条件都不需要，只要你自己认为 OK，你就可以去创业，不需要具备任何的条件。

但是你必须要有远见、必须坚定信念、必须有较强的学习能力，而且要不怕拖累人，创业最初的动机是最重要的。从开始创业到最后创业成功，最重要的因素就是坚持，挺住意味着奇迹，伟大都是熬出来的。在整个创业过程中会遇到很多问题，但并不是一定都要说出来，也没有必要对它耿耿于怀。

案例 7　坦桑尼亚发现旅行社

一、企业简介

坦桑尼亚发现旅行社(FASHION TOURISM INVESTMENT LTD.,简称“发现”)成立于2007年,是坦桑尼亚最大的华人旅行社,拥有坦桑尼亚旅游行业协会会员资格,是唯一获《时尚旅游》杂志(美国《国家地理 旅行者》中文版权合作方)推荐的坦桑尼亚旅行社,也是第29届奥运会火炬传递海外合作伙伴(见图3-33)。与中国驻坦使馆和当地大型中资企业建立了长期密切的合作伙伴关系,有多年接待会展和政府公务团队的经验,每年均接待多个不同规模的展会团队(最多达200余人),并配合使馆和当地中资机构接待多个高级别公务团,其中包括2009年初胡锦涛主席和2013年3月习近平主席访问坦桑尼亚。

图3-33　坦桑尼亚发现旅行社团队与坦桑尼亚驻华官员合影

发现旅行社在坦桑尼亚已有超过八年在投资和经营方面的经验,与酒店、航空公司、当地旅行社均有良好的合作关系,能够承接各种规模的团队旅游、商务考察和会议旅游,在组织猎游(SAFARI)及其他特色旅游项目方面经验丰富,能够为游客提供优质的旅游接待服务。有素质优秀的员工和高性能的车队为客户提供最卓越的服务，提供最专业的旅游接待服务和机票预订服务，致力于根据客户的要求，为客户提供快速、专业的服务，满足客户的所有旅行要求。在旅游行业内享有良好声誉，有力地推动了坦桑尼亚旅游业行业水准的提高。

发现旅行社携手坦桑尼亚国家旅游局和坦桑尼亚驻华大使馆，诚意邀请游客莅临坦桑尼亚——这个被誉为“非洲伊甸园”的美丽国度，共同感受举世闻名的动物大迁徙的磅礴气势、欣赏非洲最高峰——乞力马扎罗的雪顶奇观 、在恩格罗火山口体会天人合一的神奇境界、漫步石头城古老的街道追寻那早已远去的岁月、在柔软细腻的白色沙滩上享受轻拂的海风和湛蓝的海水。坦桑尼亚之行一定会成为您最为难忘的人生经历！①

发现旅行社与坦桑尼亚国家旅游局（TANZANIA TOURIST BOARD，TTB）拥有密切的合作关系，共同策划、主办了针对中国主要出境游旅行社的首次旅游考察活动。发现也将在宏观政策制定方面积极影响 TTB，创造有利于吸引中国游客的良好政策环境。考虑到坦桑尼亚旅游资源的丰富性和独特性，以及中国庞大的出境游市场，坦桑尼亚旅游在中国市场具有的潜力是不可估量的。发现对两国文化都有深刻理解，且与两国相关政府部门、旅游业界、学术界均建立了良好的合作关系，必将与坦桑尼亚旅游市场共同成长，成为一支重要的力量。②

二、创业源起及构想

在决定投资坦桑尼亚旅游业之初，他们对当地的旅游资源和行业现状进行了详尽的调研。坦桑尼亚旅游资源十分丰富，拥有塞伦盖蒂国家公园、乞力马扎罗山、桑给巴尔岛等世界一流的旅游目的地，而且各种旅游资源之间特点明显，互补性强：如草原、高山、海岛，囊括了各种主要的景点特色，其中塞伦盖蒂国家公园拥有世界独有的丰富野生动物资源，是世界首屈一指的猎游（SAFARI）目的地，具有极强的吸引力。

近年来，坦桑尼亚旅游业发展较快。一方面，政府重视发展旅游业，颁布了一系列有关旅游业的法律和法规，并不断加大投入；另一方面，允许私人资本和外资进入旅游业，成效显著。目前旅游业在坦桑尼亚经济中占有重要地位，既是外汇收入的重要来源，也创造了就业机会，并成为减轻贫困的重要手段。但该国旅游业仍

---

① 资料来源：世界游网，http://b2b.lvyou168.cn/user/personindex2681.html。

② 资料来源：http://www.51766.com/channel/intro/dthtour。

存在不少问题，亟待加以解决，未来发展空间还很大。①

坦桑尼亚酒店床位数量有限，旅游接待能力相对低下。从成立之初，坦桑尼亚旅行社就制定了“针对小众市场，打造精品路线”的方针，邀请国内同行和旅游媒体来坦桑尼亚考察，推销产品，同时，与《时尚旅游》等媒体合作，组织摄影爱好者来坦桑尼亚旅游。因为市场定位精准，营销策略得当，很快就打开了市场。

近十年来，坦桑尼亚旅游业得到较快发展。坦桑尼亚旅游资源丰富，约38%的陆地被划为自然保护区，其中包括16个国家公园，29个狩猎保护区，40个控制保护区(包括恩戈罗戈罗保护区)和海洋公园。据坦桑尼亚统计局资料显示，2013年，旅游业产值占坦桑尼亚国内生产总值的12.7%，提供了1 189 300个工作岗位，占全国劳动人口的11%。旅游收入增长迅速，从2004年的17.4亿美元增长到2013年的44.8亿美元。2005年时来坦旅游人数约为59万人次，而到2014年，这个数据已接近150万人次。②

三、发展大事记

2007年4月，与坦桑尼亚旅游局合作，成功组织首次坦桑尼亚同业考察团，邀请国内10余家主要旅行社、旅游媒体和旅游专家实地考察，将坦桑尼亚推介到中国出境游市场。自此以后，每年均与航空公司合作举办同业考察活动，在旅游同业间获得了较高知名度。

2008年4月，成功接待第29届奥运会达累斯萨拉姆站火炬传递活动，在非洲出境游市场获得良好声誉。

2009年2月，协助中国驻坦使馆，参与胡锦涛主席访问坦桑尼亚的接待工作，积累公务接待的宝贵经验。

2009年7月，开始接待中国贸促会组织的赴坦参展团，涉足会展接待，该项合作持续至今。

2012年7月，全程接待商务部举办的“中国品牌商品非洲展”，展商200余家，由多个省市组织，展览期间有开幕式、座谈会、推广会等多项活动，具备大型会展活动的组织能力。发现连续承接了4届，直到该展会改到南非举办。

2013年3月，协助中国驻坦使馆，参与习近平主席访问坦桑尼亚的接待工作，公务接待能力大大提高。

---

① 资料来源：《西亚非洲》。

② 资料来源：驻桑给巴尔总领馆经商室。

2014年6月，协助中国驻坦使馆，全程参与李源潮副主席访问坦桑尼亚的接待工作，同时受中非民间商会委托，承办访坦期间举办的中非经济投资论坛活动，接待来坦的100多名中国企业家，具备同时接待多个团组、安排多个大型活动的能力。

2015年4月，自行设计的“云端漫步”非洲四国游产品推向市场，获得了良好的反响，首发团热卖，获得参团游客的积极肯定，成为首家成团预订南非“非洲之傲”列车的华人旅行社。

2015年12月，习近平主席在南非参加中非峰会期间，我公司市场总监接受中央电视台采访，发表对非洲旅游市场看法，奠定在非洲出境游市场的重要地位。同时，在中国驻坦使馆编写的《坦桑尼亚投资指南》中，发现旅行社也被作为成功案例得到了详细介绍。

2016年4月，与阿提哈德航空公司合作，组织中西部地区主要出境旅行社负责人参加的同业考察团，开拓中西部高端旅游市场，反响热烈。

2016年5月，“奇迹发现”非洲六国游产品热卖，更好地丰富了中国大区非洲旅游产品，标志发现已确立高端非洲旅游公司的地位。发现品牌已成为品质与信任的代表，是华人旅游公司在非洲的杰出代表。

2016年7月，承办21世纪海上丝绸之路博览会组委会举办的坦桑尼亚推介会，反响热烈，取得圆满成功。

四、商业模式

（一）核心竞争力

1. 研判旅游业现状，找准市场定位

坦桑尼亚旅游资源十分丰富，与其丰富的旅游资源形成强烈反差的，是坦桑尼亚数量有限的酒店床位数和相对低下的旅游接待能力，因此，坦桑尼亚在现阶段适合吸引以摄影爱好者为主的高端市场客户，不适合以数量取胜的大众旅游。从成立之初，该公司就制定了“针对小众市场，打造精品路线”的方针，邀请国内同行和旅游媒体来坦桑尼亚考察，推销产品，同时，与《时尚旅游》等媒体合作，组织摄影爱好者来坦桑尼亚旅游。因为市场定位精准，营销策略得当，很快就打开了市场。

2. 分析坦桑尼亚旅游业薄弱环节，确定公司发展策略

旅行社通常是担当服务整合者的角色，根据客户的需求，为其安排食、住、行、游、购、娱等服务。作为旅行社自身，通常不会直接经营相关的服务，而是向相关的服务提供商，如餐厅、酒店、租车公司、航空公司，采购相应的服务。我们在坦桑尼

亚的经营过程中，很快就发现，当地的交通服务是一个短板：车辆都是从日本进口的二手车，车龄长，车况差，经常出故障；司机的素质参差不齐，很多司机不懂英语，无法有效沟通，时间观念差，经常迟到。众所周知，交通服务是旅游业中一个十分关键的环节，在旅游者的整个游览行程中，起着至关重要的作用。

为此，他们认为建设一支高素质的车辆和司机队伍，是保证服务质量、提高公司竞争力的关键。我们陆续购进了近 30 台各型车辆，并且经过层层筛选，雇佣了近 20 位懂英语、守时、服务态度好的当地司机。优质、可靠的交通服务，成为了我公司的核心竞争力之一，很快在当地旅游业脱颖而出，也为很多当地的旅游公司提供租车服务。

3. 严格遵守当地法律法规，严格控制经营风险

坦桑尼亚曾长期沦为英国殖民地，一直采用英国的法律体制，跟中国的情况差别较大。我公司从注册公司开始，就雇佣了当地的律师，提供专业的法律服务，协助申领相关的牌照。在税务方面，也有当地的会计师为我们服务，每年按照规定报税、年审。作为外国投资者，移民事务也是十分重要的一项内容，我们通过申请坦桑尼亚投资中心的投资优惠证，获得在坦工作的名额，以及其他税收优惠。

坦桑尼亚是世界最不发达国家之一，政府官员较为腐败，一些中国投资者认为有机可乘，通过向官员行贿来获取便利，甚至违法经营。我们认为这样对于公司的长远发展是不利的，而且有可能得不偿失，成为腐败官员敲诈勒索的对象。

4. 以人为本，建设稳定有竞争力的公司团队

公司现有员工约 30 余人，其中 10 余人是中国人，其他是当地雇佣的员工，两国员工相处融洽，同心协力为公司的成长努力。

首先，针对当地治安情况恶化、生活条件较差的状况，致力于为员工营造安全舒适的生活环境，解除工作上的后顾之忧。我们在当地的高级社区租赁了环境优美的高级别墅，配备了 24 小时保安，还专门从国内聘请了厨师为大家提供一日三餐，周末和节假日经常组织聚餐、烧烤，丰富大家的业余生活。坦桑尼亚的生活条件相对艰苦，业余生活单调，只有解决了员工在生活上的后顾之忧，大家才能安心工作，为公司发展尽力。

其次，在工作安排上，在遵守相关规章制度的基础上，对员工充分信任，提供舞台让他们充分展示自己的才华和能力。通过一段时间的考察，在公司的各个部门均安排了部门经理，实行部门经理负责制，由其全权负责部门的所有工作，做到责权利明晰。

最后，作为在坦桑尼亚投资的公司，处理与当地员工的关系十分重要。在薪酬方面，我们提供比当地公司高 50%以上的工资，吸引最优秀的当地员工，同时给予

加班补贴、出差补助、优秀员工奖等浮动工资，鼓励其工作积极性。当地员工通常没有储蓄习惯，遇到大额开支，如缴纳子女学费、支付房租、亲人病故时，往往没有办法解决。针对这种情况，公司专门设立了帮扶基金，以借贷形式提供给员工，然后从其工资里分期扣还。当地员工有亲属病亡、结婚等重要事项时，我们也会以公司名义给予慰问、祝贺，提高公司的凝聚力和向心力。在当地公司人员流动频繁的情况下，我公司保持了极高的员工稳定性，为公司发展提供了有力的人才保证。2015 年坦桑尼亚中资企业优秀当地员工表彰大会见图 3-34。

图 3-34　2015 年坦桑尼亚中资企业优秀当地员工表彰大会

（二）主营业务

提供综合性的旅游目的地地接服务，包括酒店预订、汽车租赁、机票预订和导游服务。按客户类型，可以分为会展服务、旅游服务、商务服务和差旅服务。

（三）赢利点

服务高端出境游市场、大型会展活动，提供大中型企业的差旅服务。

（四）市场定位

面向高端游客群体、大型企业和政府。

（五）营销模式

联合航空公司，邀请组团社同行参加实地考察活动；网络营销，结合各大旅游网站上游客撰写的游记，组织抽奖活动；举办参与各大旅游展会。

五、面临的问题

（一）旅游服务质量参差不齐，旅游者合法权益难以保障

坦桑尼亚的旅游市场管理水平较低，管理缺乏规范，服务过程缺乏管理机制，

导致服务质量参差不齐。随着市场竞争的加剧，如今的出境游业务已不像刚开始那么态势良好了，一些旅行社抢占了市场份额，不惜采用虚假广告诱惑，报低价、高回扣等方式或手段拉拢客源，同时大量存在诱迫旅行者购物、欺客宰客，诱导其参加不健康项目的现象，更有甚者强迫旅游者参加高额自费旅游项目以获取高额回扣，并对游客投诉不受理、不作为。虽然我国也有相关的法律法规，但在利益与权力方面又是如此的不堪一击。这些都是导致服务质量问题严重和旅游者合法权益无法保障的主导因素；并且我国的消费者对消费权益认识不足、自我保护能力较弱，并存在着想花很少的钱（甚至低于正常交通费）出国旅游的占便宜心态，可想而知，天上是不会掉馅饼的，最后倒霉的肯定是消费者自己，同时又不能及时向相关部门和人员进行投诉，这也是导致旅游者合法权益不能得到及时、有效保障的关键因素之一。

（二）影响国家和国民形象、声誉的现象严重

一方面，由于我国公民的生活习惯及文化差异，走出国门跟团出去旅游，近距离地感受国外异样的文化气息与美丽风光之时，有人因为一时改不了在国内的习惯并加上从众的心理而做出了一些在国外所不允许的行为，导致了国民形象和声誉严重受损。特别是有些地方已经贴出了只用汉字书写的标语，可见外国人对于我国公民的一种歧视。出门在外一个人的行为不仅代表个人，而且是代表了一个国家和群体的整体形象和声誉。另一方面，由于低价格促销导致了一些国家针对我国旅游者在接待水准、服务质量和安全保障等方面提供与其他旅游者存在明显差异的旅游产品，这与我国树立大国形象、提高国际地位和声望明显背道而驰，严重影响我国国家和公民的国际地位和声誉。

（三）出境游消费者的非理性消费

在公民自费出境游的花费方面，参加出境游的人中不少是首次出境，其中还有一部分人由于年龄等方面的因素，也许是他们生平中第一次“出国潇洒走一回”，因此，他们在国外的消费带有很大程度的非理性，他们本人要享受从前没享受到的，要购买在国内买不到的，还想着给亲戚朋友、家人购买礼品，甚至代表那些没有机会出去的人购买礼品。还有一部分游客可能是经常出国但并不是抱着纯游玩的心态而是想着国内的商品质量比不上国外，而国外价格又比国内便宜很多，特别是数码产品等高端产品。表面上看起来，中国人在境外的消费很高，甚至在一些旅游目的地高于同期来自经济发达国家的旅游者。我想这也是需要一个过渡期的，等到人们对于出国旅游习以为常并像国内旅游那么方便的话，应该会恢复理性。世界上很多国家都经历了这样的过程。正是出境旅游者这种非理性消费，导致中国

公民出境旅游人均消费已被认为是世界上人均消费最高的国家之一,特别是在处于全球金融危机的时候,由于我国受到的影响小,在这方面就表现得更为突出。

六、未来规划

旅行社属于轻资产的服务行业,进入门槛较低,导致竞争激烈,恶性低价竞争泛滥,影响整个旅游服务行业的声誉。从长远来看,我们希望在夯实服务水平,实现规范化、个性化服务的同时,努力向汽车租赁、酒店、景区开发等资本要求较高、进入门槛较高的旅行社相关行业拓展。同时,顺应旅游行业"互联网+"的发展趋势,顺势而为,发展为综合性、全方位的旅游业实体。

七、给旅游创业者的建议

(一)正视旅游贸易逆差

正视旅游贸易逆差扩大化。"旅游服务贸易逆差"是指我国内地或大陆的出入境旅游收支状况。从2009年起,我国内地或大陆旅游外汇收支由长期的顺差开始转为逆差,说明入境旅游的总收入低于出境旅游的总支出。由于我国出入境旅游分为外国市场与港澳台市场两大部分,把港澳台也纳入出入境旅游收支统计,因而得出了"旅游服务贸易逆差"的结论。首先要正确看待旅游服务贸易逆差的扩大化,旅游服务贸易逆差属于趋势性的客观存在,随着国家经济的迅速发展,已经趋于人口密度由低向高发展,旅游产业由创汇产业转向耗汇产业的可能性也很大提升。一些发达国家与发展中国家均存在较大的旅游服务贸易差额。比如德国2011年的旅游服务贸易差额就高达454亿美元。旅游服务贸易逆差的产生可以有效缓解我国巨大的贸易顺差,是消减与我国主要贸易伙伴贸易摩擦的有效手段。可以说,出境旅游在我国的迅速发展,既是我国现阶段社会经济发展的必然结果,也是我国旅游经济体系走向平衡发展的开始。政策制定过程中需要正确认识我国全球战略等方面具有的重要作用,不要轻易采取任何限制出境旅游发展的措施。

调整出境旅游政策。出境旅游市场正常调整需要考虑正当性、可操作性和可能的效应。我国出境旅游市场政策经历了20世纪50年代至80年代对于出境旅游的严格控制,1983—1997年以香港、澳门探亲游与边境游览为代表的常识性发展阶段,1997—2005年主动引导出境旅游发展的适度发展阶段,2005—2009年以加强监管、提升品质为目的的规范发展阶段。2009年之后为强调出境旅游综合效应发挥的有序发展阶段。从我国出境旅游政策来看,中国出境旅游政策是基于不同时期经济发展水平,以及对国内外政治局势的科学研判,适应出境旅游不同发展阶段的要求作出的调整。可以说出境旅游市场正是谨慎推进、有序开放的，出境旅游市场政策还关系到入境旅游和出境旅游协调发展目标的实现和人民群众、特别是广大游客的满意程度。采取诸如出境旅游消费税收等限制性的产业政策，从局部、短期来看似乎是合理的，但是从全局、长期的战略视角来看，不仅会违背世界旅游发展的宗旨和目标，而且可能引发新一轮的贸易保护，更多目的地国家与地区的仿效将对中国入境旅游发展造成不可预计的负面影响。

(二)境外旅游目的地企业需重视中国市场调研评估

重视中国市场调研评估。中国出境旅游市场仍然会保持高速增长的态势，但是在规模高速扩大的过程中，出境游的主体正在悄然发生变化，出境游的客源主要集中在东部沿海的一线城市，随着区域发展的均衡化，中国的二三线城市以及部分农村地区正在为出境旅游消费提供广阔的市场，中国游客的消费内容正在发生变化，越来越多的中国游客愿意尝试新目的地以及新产品，与此同时，游客的消费标准也在迅速提高，这无疑对目的地的发展提出了新的要求。为及时了解并掌握市场的变化，进行自下而上的市场调研评估提供了一个有效的途径。这也是新加坡等旅游国家加强对游客出境消费意愿、行为的评估的重要原因。了解游客的消费动机，才能更好地了解目的地相关行业的发展。

重视二三线城市客源市场。目前北京、上海、广州等大型城市的规模已经与一些国家的人口相当，而部分二三线城市特别是城市群，也拥有庞大的人口规模与惊人的消费能力，比如包括南充、绵阳等城市在内的成渝城市圈，汇集了近亿的城市人口。西安、大连、厦门、青岛等不少二线城市已经拥有了庞大的航空出入境客流，足够支撑起每周一班的国际航线。企业对市场变化的反应是最直接的，不仅凯撒国际旅行社已经在天津、哈尔滨、长春、大连、石家庄等地建立了销售型分公司，众多航空公司也开始重视在二三线城市设置航班，芬兰航空开通了重庆到赫尔辛基的直飞航线，汉莎航空已经开通了南京到法兰克福的航线，荷兰航空已经开通成都、杭州到阿姆斯特丹的航线，香港航空公司也在2013年初开通了每日一班的香港到温州的航班。澳大利亚旅游局更是将中国二线城市定位为发展中国出境市场十年计划的主要战略目标。

重视多元化产品的提供。经过多年发展，中国出境游客的消费观念已经发生了明显的变化，市场需求结构在不断变化当中，越来越多的客人开始追求高品质的旅游产品，乃至个性化、定制化的旅游产品。可以说，出境市场正处于一个转型升级的阶段，对于出境游目的地而言，顺应市场、持续更新旅游产品是获得市场认同的关键。以我国台湾地区为例，2012年，台湾开放大陆游客赴台湾体检及医学美容之后，虽然台湾的理疗机构在硬件水平上和内地相差无几，但是针对大陆游客的需求，台湾医疗机构更重视用户的体验和服务质量，医疗旅游业逐渐成为大陆游客赴台湾旅游的新经济增长点。根据台湾对外贸易发展协会统计，截至 2012 年第三季度，台湾接待的包含大陆游客在内的外来游客到台湾享受医疗服务，使用健康检查、美容服务的人数占总游客人数的 33%。

（三）提升服务和树立品牌是赢得市场的关键

1.不过度信任渠道销售

最近几年出境旅游市场产业渠道的力量得到重视，但是被过分夸大了。有一些行业内的观点认为，旅游市场未来重要的不是产品，不是技术而是渠道。渠道的价值当然不能被忽视，但是服务水平的提升和创新永远是满足用户需求的关键。享受着中国人口红利，以及政府一直以来出境旅游政策红利的企业需要思考的是旅游到底是什么。旅游的本质是服务。出境旅游作为一个频率相对较低的活动，低到了游客每次出行都无比重视，这就注定了游客对品牌的高度重视，对服务的依赖，这也就注定了服务是旅游企业最核心的本质。旅游归根结底为第三产业，实际上属于服务业。旅游服务才是旅游产品最主要的属性，旅游企业出售的主要是服务，通过服务产品的提供获得收入，实现旅游企业获取利益的目标，这才是旅游领域商业模式的本质。无论是多打广告，广设门店，还是提供一个更有效率的预订平台，如果看不清出境旅游发展的本质，那终究无法成长为这个行业的领头者。

2.不能被资本市场牵制

在将出境组团社做大的过程中，引进资本似乎是快速扩张发展的不二之选，但是资本的天性是逐利性，必然有对企业发展的相关要求。企业要思考不管在渠道经营、品牌销售还是资源整合、服务提升方面对企业的进一步发展有没有好处，而不是简单地引进投资者。在引入投资后，不能失去主导能力。出境游企业应该让资本服务于企业的发展目标，而不是被资本所奴役。出境游企业在解决资金问题之后，甚至是资金本就无忧的情况下，如何更好地整合资源，发掘新的增长点，才是经营者应该重点考虑的问题。一方面更要充分利用好资本，比如华远国际旅行社所做的，利用各种手段，包括精细化运营，提升能效以及其他一些环节，将企业进行精细化转型；另一方面中国政府的战略是鼓励有条件的企业走出去，旅游企业应该敢想敢做，可充分利用当前国际上一些机构经营不善的机会，利用自己的资产，不断提升价值的同时，做到利用全球性的资本市场，实现出境游经营的突破性增长。

案例 8　我趣旅行网

一、企业简介

我趣旅行网(www.woqu.com)是集专业行程顾问、行程规划师和行程管家为服务特色的海外品质旅行在线服务商。我趣旅行网成立于 2013 年 10 月,官网于 2014 年 4 月 1 日正式上线。我趣旅行倡导出境自助游旅行新方式,为全球华人提供专业、高效、平价、优质的出境游定制服务,可提供的海外定制游服务覆盖北美洲、大洋洲、欧洲、日本、泰国等热门目的地,包含酒店、自驾租车、接送服务、境外参团、当地玩法、签证、保险、电话卡、随身 Wi-Fi 等全方位旅游产品。我趣旅行于 2014 年 9 月获得由腾讯领投、晨兴资本跟投的 2000 万美金 B 轮融资。

在自助游产品还停留在“机+酒”,商家们打价格战拼杀得刀光剑影之时,我趣旅行以“当地参团”和“个性玩法”两种奇招频频亮相出新,以自助游为主打,提供一种高性价比、更具当地特色的自助游在线预订解决方案。它融汇了大量北美当地最具价值的旅游产品供应商,甄选出最具体验性的路线和项目。低价位的同时,保持了高品质的服务质量。让北美出境自助游门槛不断降低,为国人轻松进行北美自助游打下基础。

我趣旅行网官网首页见图 3-35。我趣旅行 LOGO 见图 3-36。我趣员工照见图 3-37。

图 3-35　我趣旅行网官网首页

我趣旅行官方微信见图 3-38。我趣旅行网吉祥物见图 3-39。

图 3-36 我趣旅行的 LOGO

图 3-37 我趣全体员工

图 3-38 我趣旅行官方微信

图 3-39　我趣旅行网吉祥物

二、创业源起及构想

2012 年中国有 8300 余万人选择出境游，2013 年是 9800 多万，2014 年出境人数达 1.17 亿人。随着签证放宽、航班航线增加、消费环境改善及人民币升值等，中国人的出境游热情和消费能力也随着家庭收入的增长而增强。这个细分市场是一个具有万亿潜力的市场，而目前有 60%的用户选择出国自助游，未来这个数字还将进一步增长。中国出境游现状见图 3-40。

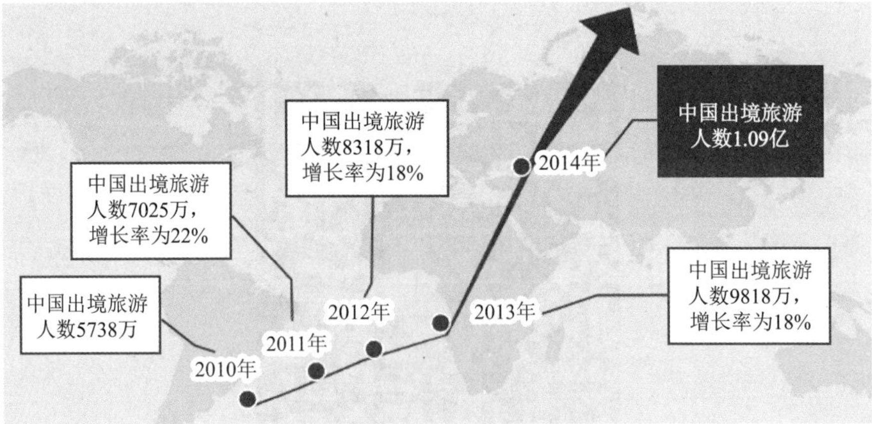

图 3-40　中国出境游现状

我趣旅行网在自助游市场中又进行了细分，只做美国自助游，原因是2012年中国去美国的人数是140万，2013年是178万，2014年超过200万，这也是一个快速增长的市场，同时开辟新创业项目聚焦美国自助游可以避开同巨头的竞争。

我趣旅行网创始人黄志文（见图3-41）抓住了这次机遇。曾经在港中旅集团工作了十年的他，担任芒果网总裁一职，对于旅游行业有一定的了解。在度假休闲游领域，有以携程、途牛为代表的传统出发地组团产品，固定的出发时间和出发地点，导游全程带队、团进团出；还有以来来会、爱旅行为代表的机加酒自由行产品，同样是固定的出发地和出发时间，含机票和酒店，但是缺少目的地的小交通和当地玩乐产品；此外还有像鸿鹄逸游这样做高端定制游业务的，按照用户需求进行定制，但费用昂贵。通过分析与比较，黄志文将我趣旅行网定位于海外目的地全品类的自助游产品，与海外产品的供应商进行数据对接，搭建底层供应链系统，创建海外自助游产品超市。在这个自助游产品超市里，用户可以自由选择机票、酒店、当地玩乐、当地参团、自驾、房车、接送服务、签证、旅游保险、电话卡、随身Wi-Fi等各类产品，由用户自主搭配成心仪的旅行线路，并配有7×24小时的定制顾问和客服团队，帮助用户进行行程设计、预订和提供行中支持与服务。

图3-41　我趣旅行网创始人黄志文

这个创业项目的亮点并不是自己开发产品，而是缩短供应链和打破信息的不对称。例如你在拉斯韦加斯不知道去哪里玩时，通过我趣旅行可以选择不同时长和不同预算的玩法，他们还全程提供了中文客服支持，可以随时帮助解决异地的各种问题。

三、发展大事记

2013 年 10 月，我趣旅行网正式成立；

2014 年 3 月，我趣旅行网 www.woqu.com 内部公测；

2014 年 4 月，我趣旅行网 www.woqu.com 正式上线，专注美国自助游；

2014 年 4 月，获晨兴资本百万级美金 A 轮融资；

2014 年 8 月，我趣旅行与海南航空金鹏会员俱乐部达成战略合作；

2014 年 9 月，获腾讯领投、晨兴资本跟投的两千万美金 B 轮融资；

2014 年 10 月，我趣旅行上线澳大利亚和新西兰目的地自助游，正式向全球多目的地自助游拓展；

2014 年 10 月，新西兰旅游局授予我趣旅行 JV Partner（Joint Venture Partner）资格；

2015 年 3 月，我趣旅行签证神器 APP 正式上线；

2015 年 5 月，我趣海外专车正式上线，专注泰国自由行即时用车服务；

2015 年 6 月，我趣旅行上线欧洲自助游；

2015 年 8 月，我趣旅行上线日本自助游；

2015 年 9 月，我趣旅行与京东旅游白条达成合作，支持旅游分期支付；

2016 年 1 月，我趣旅行正式成为出境定制游电商，主打北美、澳新、欧洲、日本、泰国等热门出境游目的地。

2016 年 3 月，我趣旅行推出北美、欧洲精品小团，满足中高端客户高品质、个性化、轻松出行需求。

2016 年 6 月，我趣旅行正式推出国内唯一的全球目的地参团 B2B 平台“66 号”（www.66hao.cn），为全国各在线及传统旅行社提供海外多目的地的当地参团及其延伸产品，填补业内的空白。

四、商业模式

（一）核心竞争力

旅游行业是一个能为用户带来幸福感的服务行业，而作为从业者，这种愉悦感却很难体现。旅游行业的毛利率相对较低，传统旅行社从业人员的素质不高，还经常被媒体报道低团费、消费陷阱、游客遭遇人身攻击等负面消息。我趣旅行网在 2013 年底创业之初定位于海外自助游这一蓝海市场，官网上线后不到两个月就开始遭遇同行激烈的价格战，为了获取更多的用户，必须花钱买流量、做补贴，最后各家都是负毛利，整个旅游行业畸形发展。我趣专注的海外目的地碎片化产品，除了同期几家创业型公司竞争之外，巨头企业携程也开始渗透，于 2014 年底组建了当地玩乐部门。

我趣旅行网在技术方面主要有三个方面的特色：

第一，对接国内外的供应商系统，就是所谓的“插拔式系统”。如果觉得这个供应商可以就插入系统，不行就“拔出”。听起来很简单，但实现起来还是很麻烦，所以也在不断加以改进。

第二，内部系统。内部系统的好坏直接决定团队效率的高低，像京东，我们知道京东的优势是供应配送和订单管理，这都是靠他们高效、强大的内部系统来保证的。对电商来说，内部系统是非常重要的核心竞争力，因为这没有人可以 copy。我趣希望今后可以通过内部系统打通整个供应链。

第三，迭代速度。他们的平台保持着每周更新一次的高速迭代。

在商业运作方面，我趣一直强调两点：

第一，跳过中间商。通过我趣旅行网，用户可以直接与当地供应商连接，所以能做到低价、透明，这是我趣非常有吸引力的地方。

第二，一站式服务。我趣旅行网可以帮用户解决海外自助游的一切需求，从签证办理、预订酒店、自驾租车到境外参团线路、当地玩法，抑或是旅游保险、电话卡、随身 Wi-Fi 这些自助游刚需产品，可以说能解决自助游爱好者食、住、行、游、购、娱等各个环节的痛点。

（二）主营业务

1.跟团游

即境外参团，到了旅游目的地再参加当地华人旅行团。导游更专业，行程更规范。涵盖美东、美西、美南、夏威夷地区超过 850 条旅行线路，产品行程从一日游到 15 日游，从纯巴士团到游轮团、私人飞机团、小公务机团均有覆盖。精心挑选美国当地优质服务供应商，确保优质出行。

小包团产品：提供全美 10 个主要目的地的 2~15 人规模定制小包团产品。

2.个性化项目

包括当地玩法：开战斗机、跳伞、户外探险、演艺秀等体验活动。

我趣提供美国 13 个主要旅游城市的 73 种演出秀票、提供覆盖美国 28 个主要城市的 393 种观光体验（包括直升机游览、海上巡航、红酒之旅、户外探险、平衡车体验等）、提供美国 28 个主要城市 613 个景区门票。带给用户不同于团队游参团大众路线的旅行体验。

3.自助游套餐业务

重点发展项目:提供交通住宿攻略等服务,目的地自由搭配。

(1)海外酒店:提供全中文服务的海外酒店即时预订服务。覆盖美国29 000家酒店。

(2)自驾租车:提供全美自驾租车预订服务。涵盖全美354个城市,516个取车点,42款车型。租金包含:不限里程使用、全险保障及当地税费、国土安全费。

(3)接送服务:提供全美境内多种接送机预订服务。涵盖全美26个主要城市,33个主要机场,提供从高端英文礼宾车到中端华人接送及至低经济型英文共乘接送服务共157个产品。

(4)签证:提供美国签证代办服务。提供包括5大领区4类型签证代办服务。

(5)保险:提供美国境外旅行保险在线购买。提供高品质供应商的境外个人旅游保险产品和保险计划。

(6)美国本土4G电话卡:提供美国两大电信公司多种套餐产品,可满足境内订购、境外使用。

(三)赢利点

在碎片化产品库日益完善的同时,我趣也积累了非常多的用户出行数据。目前国内的"小白"用户居多,大部分人都是第一次出国,不知道玩什么、什么好玩儿,所以由用户自主选购碎片化产品是有难度的。对企业来讲,这就影响了成单率和客单价。因此,我趣开始调整战略,尝试做一些打包线路(行程案例)——我趣的旅行顾问按照每个目的地的特色,将碎片化产品合理打包,规划出一条能够实际出行的标准化产品。如果这条线路能够完全满足用户需求,直接支付进行购买即可;如果用户希望调整其中的酒店星级或者增加几个景点的游览,我趣的行程顾问可以为其更改行程、调整价格。通过实践发现,这样的行程案例更加符合当前用户的消费预期,从用户的角度来讲,有现成的线路可以预订,还能按照个人需求进行调整;从企业的角度来讲,这无形中提高了成单率和客单价。现在,我趣将定制游服务和行程案例调整为公司的核心业务。

在竞争如此惨烈的情况下,我趣做了三件事:第一,继续我趣的优势,完善供应链体系,丰富产品品类、开拓目的地。同业能做到的二次确认产品,我趣通过供应链实现及时确认库存。第二,完善服务,我趣的客服顾问从一开始的辅助用户合理选择产品,到主动挖掘用户需求,为用户规划及定制旅游线路。第三,也是最重要的获客问题,线上流量越来越贵,我趣就通过线下的策略合作来获取精准用户,比如银行的持卡用户、航空公司常旅客、企业客户等。传统出境游与我趣旅游的对比见图3-42。

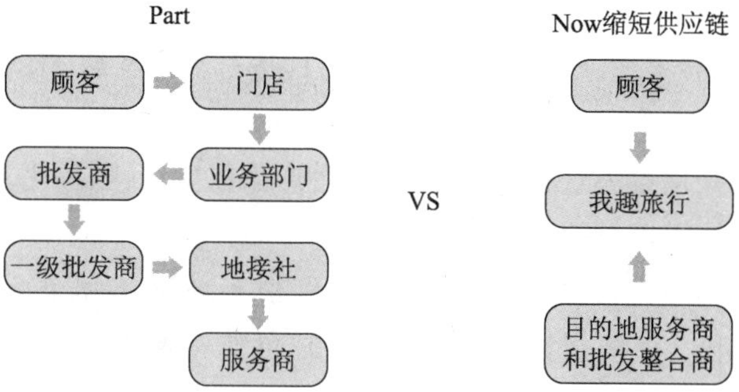

图 3-42 传统出境游与我趣旅行的对比

（四）市场定位

我趣旅行网切入的是细分的领域：只做出境游市场，并且只做自助游和半自助游。

在自助游的整体环节中，最前端的常常是穷游、蚂蜂窝、面包旅行这样的攻略网站，用户通常根据别人如何旅游做决策，但是在如何为自己的旅游做规划，一些有趣的活动如何参与等方面，依然存在痛点。

黄志文以美国市场为例，比如想订 NBA 门票，根本不知道找谁，尤其是美国网站很多信息，查询及预订付款都要花很长时间。尤其是如果行程有变化，退改签这些事情非常麻烦。

这也是我趣所希望解决的问题，目前其租车有 2000 多个产品，接送机有 200 多个产品，在个性玩法方面已经有 1300 多款产品，比如可以在美国开推土机、拉斯韦加斯脱衣舞培训课程，等等。

譬如，在纽约曼哈顿举行直升机婚礼，一架直升机 4 个人，情侣两人现场求婚，再加一个证婚人和一个摄像师，一共是 1995 美元。再比如花 140 美元就能够参加纽约中心区域知名建筑的步行小团，由建筑学最知名的教授讲解。"当我们没做我趣旅行网时，没有人知道有这样的一些产品，我们直接跟国际市场最好的公司进行对接，把他们的英文全翻译成中文，面向中国的消费者。"黄志文说。

除了这些纯自助游产品，我趣的另外一个重心是半自助游，用户通过我趣提前参加当地华人旅行团。"这些当地的服务公司不会对散客销售，但是我们通过销售和技术能够和他们进行对接。"

整个我趣旅行网大概 100 名员工，40%搞技术开发，20%是线下旅游资源拓展，还有 20%是客服人员。我趣旅行网通过整合美国当地旅行社及其他资源，从交易中获取佣金。

黄志文表示，我趣搭建了系统底层架构和数据系统，有利于其跟不同供应商进行对接和直连，能够实现订单的及时确认，也具备自动化承载、未来处理海量订单的能力。

另外我趣以兴趣点为核心，将所有的旅游产品数据化、颗粒化、结构化，这是打通信息层和交易层很重要的工具。

比如在社区网站有很多游记和攻略，提到很多兴趣点，我趣和这些兴趣点打通，就能够方便用户直接预订，各类社区网站也非常愿意和我趣进行这方面的合作。

（五）营销模式

我趣旅行网不仅通过多元化的精准推广渠道进行推广，即 SEO/SEM/EDM/SMS 多渠道推广齐发，促成宣传联动效应，而且在多媒体产品展现方式上也下足了功夫，如视频、文字、图片语言多元化产品展现模式，带来更强的购买欲望；清晰的产品分类，专业的设计策划，带来更具冲击力的展现体验；不断推陈出新的专题策划，更具互动性的宣传推广，多角度产品包装展现我趣网的风采。我趣更有强大的海外采购网络和卓越的市场推广能力，服务过的客户好评率在 98.9%以上，并持续精细维护产品信息和不断更新迭代优化产品。跨越地域局限，更加了解消费者最新出境旅游方向，拥有专业人才全面规划产品分阶段销售策略，多媒体全角度展示产品，多平台推广更具吸引力，打开了一条中国出境游消费受众与境外目的地供应商的直达通道。

（六）其他特点

1.服务

（1）全方位产品覆盖，一站式购物体验；

包含当地参团、特色体验、海外酒店、自驾租车、接送服务、签证、保险、电话卡等多种出境游旅游产品。

（2）中文服务支持，打破出境游语言障碍；

我趣旅行网提供专业中英文客服支持、当地导游中英文解说等特色服务。

（3）低价保障，差额赔偿，性价比高；

同款产品选择我趣旅行更优惠，通过对接当地大量优质供应商，获取价低质优旅游产品。

（4）专业客服团队，7×24 小时无时差服务；

我趣旅行为避免时差给用户造成的困扰，提供 7×24 小时客服专线服务。

（5）行程透明、明白消费，无任何隐性消费；

安排售中、售后跟踪服务以及质检，旅途中出现任何质量问题我趣帮客户维权到底，使客户的权益得到切实保障，选择我趣客户的出游便有了双重保障。

2. 团队

CEO/创始人 黄志文：曾供职于中国港中旅集团10年，担任芒果网有限公司总裁、青芒果旅行网董事长；

副总裁/联合创始人 王立吾：负责公司海外资源BD；丹麦哥本哈根商学院硕士，拥有50多个国家旅行经历，十余年欧美澳洲工作生活经验，北欧最大华人地接社“北欧飞扬”联合创始人，国际商务开发专家；

副总裁/联合创始人 金翔宇：负责互联网产品开发及数据挖掘；美国弗吉尼亚大学计算机系博士，于美国硅谷工作生活十年，美国雅虎实验室、阿里云硅谷研发部资深研究员，业内知名搜索与大数据专家；

副总裁/联合创始人 杨艳萍：负责客服及销售；中国人民大学管理学硕士，原凯捷安永咨询顾问，潜水、户外及出境自助游玩家，十年旅游从业经验，旅游客服管理及内控专家；

副总裁/联合创始人 郑荣金：负责IT开发；曾担任人人网开放平台技术专家，腾讯QQ空间无线技术架构师；

副总裁孙朝晖：负责市场及运营；曾担任“去哪儿”网当地人产品总经理，飞信互联网首席架构设计师，任微软高级顾问6年，移动互联网产品与技术专家。

（1）商务拓展部职责：

全美旅游产品采集、筛选。

拓展旅游产品线和产品丰富度。

（2）市场部职责：

不断提高我趣旅行的市场知名度和用户认可度。

提升我趣旅行的品牌价值。

（3）客服部职责：

为用户提供咨询、回访、维权等多重服务，以用户满意为依归。

（4）研发部职责：

打造更加流畅的在线预订用户体验。

不断更新迭代，优化产品功能。

为我趣旅行其他部门提供强有力的技术支撑。

推进公司业务快捷化、自动化。

五、面临的问题

黄志文坦言，创业两年以来，有一个问题一直没有得到很好的解决，即如何高效地与用户建立关系，这种关系不一定是买卖关系，还包括品牌认知。其中自驾租车是我趣旅行的优势产品，而专车服务业务方面，经过实践表明单纯依靠当前的目的地供应商是不能满足专车服务需求的，存在两方面痛点：

（1）用户无法与服务者进行无障碍沟通，特别是当用户在海外有行程调整或即时预订的需求时。

（2）计价方式不透明。用户更加期望获得可随时预订、即时确认的专车服务，并能够清楚地获取车辆信息、司机信息、透明的行程价格及安全服务保障。

除此之外，最为典型的痛点是语言。"我们要到当地把产品进行入库，英文翻译成中文。"黄志文说道。而由于中国人"谨慎"的习惯，很多国外的产品"5 行字老外就可以预订了"，但在我趣旅行网上就必须要 25 行字。而这些痛点也影响到了我趣旅行网的移动端策略——在线旅游企业纷纷押宝无线的今天，黄志文选择的路径是先做 PC 再做手机触屏，最后才做 APP。

"长线自助游非常复杂。无论产品品类、描述、预订流程，还是中间的退改服务都是如此，我们有些产品描述，在 PC 屏幕上就 15 页，但没有这个描述的话，客人又不了解。"

六、未来规划与风险

我趣旅行网的策略是，在目的地上做减法、做专注、做聚焦，只选几个有限的重点目的地；在产品及服务商方面做加法，紧抓客人痛点，将产品、服务做深做透；当一个目的地做深做透做出模型后，再进行规模化复制与有机拓展。今后还会做目的地的行程攻略，帮助顾客更快更好地做出决策。其所有的努力，都是为了让出境游预订，像在携程上订机票酒店一样简单。

黄志文表示①，传统的"机+酒"自由行很粗糙，即使消费者做再多的攻略，到目的地后也会有"两眼一抹黑"无头苍蝇般乱撞的尴尬。说到底，"机+酒"只是自由行的入门级产品，真正的自由行服务仍在"当地玩乐"中。

未来，我趣旅行网还可以接入当地餐厅、购物等更多的资源。数据显示，2014 年出游人群总数的 37% 人均花费在 5000～9999 元。其中，购物的花费在整个旅行

---

① http://www.jiemian.com/article/268235.html。

中占比高达28%,是仅次于交通费用的第二大支出。这些都可以为我趣旅行网提供更大的想象空间。

回过头来看,我趣旅行网在海外自助游市场的积极开发,也是腾讯O2O大战略布局所需要的一环,这或许是腾讯入股我趣旅行网的原因所在。

我趣旅行网的联合创始人,现任技术总监郑荣金表示,现在重点在抓两件事:

第一,全球化。这是我趣的业务决定的。我趣旅行网的供应商和用户都分布在全球,所以全球化是必然的。但这是一个大挑战,首先,要提高平台API反应速度,很多外国供应商网站的响应速度很慢;其次,要做到服务一致化,因为很多供应商提供的服务是相似的,服务一致化是为了更好的用户体验。

第二,电商大数据分析。我们平台每天都会出现海量数据,如何分析这些数据,搭建一个用户决策支持系统,为用户提供更好的决策支持,是我趣在抓的重点。

七、创业者启示摘录

(一)黄志文简介[①]:

曾任:

芒果网有限公司 总裁

青芒果旅行网 董事长

学历教育:

上海财经大学 国际企业管理专业 经济学学士

西安交通大学 电子与通信工程专业 工程硕士

中欧国际工商管理学院 EMBA专业 工商管理硕士

黄志文先生拥有多元化的教育背景、开阔创新的发展视野、深厚务实基于实战的创业创新实践经历。10年的大型旅游集团经历,其中6年的在线旅游高管经历,让黄志文先生深刻理解中国互联网及创新企业的发展模式及成长之道,对于旅游电子商务发展有着深刻的认识,对于国内外旅游企业发展趋势有深度的把握,个人在中国在线旅游行业内具有广泛的人脉,较高的知名度、影响力及行业威信。

2013年9月,黄志文从芒果网离职;2014年4月,他创办的以美国为目的地的出境自助游网站"我趣旅行网"上线。这背后又有怎样的故事呢?

---

① http://www.dotour.cn/article/6636.html。

曾经的芒果网总裁，曾经的“体制内”玩法——放弃意味着什么？黄志文希望换一种方式去贴近旅游的本质：体验。他小心翼翼地避开巨头的夹击，选择了出境自助游市场，并尝试构建自己的游戏规则。黄志文的武器是“华人出境的痛点”。未来的问题是：这些足够让他与对手们站在同一起跑线吗？

当时黄志文组织了全家20多个人一起去泰国度假，为了省心，选择了团队游产品——彼时黄志文的身份还是芒果网总裁。“我以为大家会玩得很开心。”黄志文告诉记者，结果却是所有人都不满意。

最不满意的可能还是黄志文自己，因为家庭与职业的双重身份，这次失败的度假计划让他相当难堪。“众口难调，固定的团队游产品很难满足每个人的需求，况且团队游中的很多环节比如购物什么的，是无法控制的，就算你是业内人士。”黄志文那时就认定了，对于“出去玩”这件事，除了参团模式，一定会有种更加自在的、体验更好的方式。那才是趋势与未来。

很难说接下来发生的事和这次尴尬之旅有多少关系：2013年9月，黄志文从芒果网离职；2014年4月，他创办的以美国为目的地的出境自助游网站“我趣旅行网”上线，并得到晨兴创投数百万美元天使投资。

无论怎样，黄志文打算换一种“玩法”了，开启黄志文的“新战役”。

4月29日，香港中旅发布公告称，将旗下的芒果网有限公司以6.02亿元的价格出售给港中旅集团的全资附属公司Dean Success Limited。公告显示，芒果网2012到2013年利息收入前经营亏损分别为1540.3万元、2715.4万元。

黄志文不愿意对老东家谈论过多，但也坦言，传统的商旅市场已经没有多少“空间”。“机票和酒店的痛点，已经被携程、去哪儿做得差不多了。”

新的空间在哪儿？“以前我们出国旅行时，我发现有很多好玩的东西，热气球、潜水、直升机什么的，当地面向自助游人群的小团及特色活动很多，并且可以天天出发。”黄志文当时想把这些产品引进来，却发现它们和芒果网的产品及系统结构体系格格不入。而离职后，这件事好像就可以做了。

7月，中国旅游研究院发布了2014年上半年旅游经济运行分析报告，其中指出：上半年出境旅游人数5410万人次，出境旅游花费超过700亿美元，贸易逆差470亿美元。另外，艾瑞咨询数据显示，2013年中国整个休闲旅游度假市场规模为3940亿，其中在线市场占比为7.7%，处于较低的水平。

黄志文选择的，就是“在线出境游”这个高速膨胀的大蛋糕。他特别强调的是，我趣旅行网要做纯自助游。也许这是为了与携程、途牛区别开来——据艾瑞咨询数据，当前两者分别以34%、18%的市场份额，列于中国在线旅游度假出境游细分市场的前两名。

黄志文也给出了自己的答案。“组团的优势是什么？第一是让客人省心省力，报了团以后他什么都帮你搞定了；第二是便宜。过去有购物的反补，用它可以补贴当地的很多费用。”

但他认为形势已经变了：新《旅游法》与航空公司对直销的热衷，让“便宜”变得困难；而“便利”的另一面，则是牺牲了个性化的选择。“旅游是体验，每个人都有自己的个性玩法。”黄志文说道，“定好的路线、定好的时间、定好的环节。组团永远满足不了用户的个性化需求。”

相反，我趣旅行网希望以“用户为中心”来发展自己的产品体系——这似乎与芒果网以“企业为中心”的逻辑有相似之处。这一次黄志文希望从出境自助游开始，打造一个新的旅游电商公司。

“自助游”如何自由？出境自助游是块肥肉，其实大家都知道——携程日前发起的“签证价格战”，被业界看作是进军出境游市场的一大举措；而以出境团队游站稳脚跟的途牛日前也告诉记者，其整体业务已经有三分之一是自由行。

“自由行不等于自助游。”黄志文说道——至少他认为，这不算纯粹的自由。

“我们业内说的自由行指的是‘机加酒’，很多公司都有这个产品。”黄志文说道，“固定的航空公司，固定的酒店，固定的时间。当然自由行产品会在机票、酒店上给你几种选择，但也只有这几种选择。”

另外一些引流的战术，也不在我趣旅行网的考虑范围内——比如“爱旅行”擅长的特价产品，“他们觉得这会吸引顾客旅行的欲望，原本不想去的，看这个特价就要去了。”黄志文表示，但特价是有时间限制的。“那时候顾客刚好没有假期，怎么办？”

我趣旅行网解决“自由”问题的方式是，在产品上做加法、形成“一站式预订”；目的地则做减法，让足够的选择集中在一个地方。这迥异于其他出境自助游企业的商业逻辑。

“互联网的货架不要钱，上得越多越好。产品品类要全，每一个品类里的数量要足够丰富。”黄志文表示，这需要相当强大的供应链整合能力，并且是跨过所有的中间环节、直接与当地供应商合作，然后收取佣金。

产品需要丰富到什么程度？以租车为例，黄志文的想法是“在美国一个目的地，要与十几个大型车行合作，在500个主要机场可以提车，并覆盖3000个以上市中心以及景区的取车点才算丰富”。这一思路将贯穿到每个旅游的要素中——包括门票、酒店或者跳伞潜水这样的个性产品。

这当然很难，所以黄志文特别高兴地向记者介绍了我趣旅行网其他几位联合创始人，其中一位创始人Leo王，他有十六年的海外学习和工作经历，曾经创办过北欧最大的华人旅行社“北欧飞扬”。“他的商务拓展能力非常强。”黄志文说道。

另外,“深”与“广”不能兼容,所以我趣旅行网目前只做美国这一个目的地。“这是一个中型规模、快速增长的市场。”黄志文表示。2013 年中国赴美人数是 178 万,2014 年超过 200 万。按照美国商务部的预计,2018 年这一数字将超过 400 万人。

事实上,选择美国的理由不只于此。“美国不是市场最大的,也不是最容易做出口碑的目的地。”黄志文说道,他希望我趣旅行网从一个“比较难”的地方开始——美国幅员辽阔,有着极其完备及复杂的旅游产业链。“我们把美国研究透,在其他地方复制这种模式就比较简单了。”未来,我趣旅行网希望将这种模式复制到更多的目的地。

目标:华人旅行的痛点

从 4 月上线到现在,黄志文发现了一个有趣的现象:越来越多的“本地”华人开始对我趣旅行网感兴趣,而这是他之前没有想到的。

“海外的企业,没有给他们提供这么细分的服务。”黄志文说道,这让他很直观地感觉到互联网让世界变成了扁平的。“不仅是美国当地的华人,还有中国香港地区、中国台湾地区、澳大利亚、加拿大的顾客产生。”这部分人群已经超过了顾客总体的 15%。

我趣旅行网目前设置了 7×24 小时无间断的客服。其中“通宵班”不仅为美国“本地”华人服务,包括留学生、留学生的父母、去美国出差或工作的职业人群、或早或晚举家搬迁过去的移民,也为中国游客在美旅游的“行中”提供服务。黄志文认为,我趣旅行网提供的“中国式”服务是吸引他们的关键。

其中,最为典型的痛点是语言。“我们要到当地把产品进行入库,英文翻译成中文。”黄志文说道,而由于中国人“谨慎”的习惯,很多国外的产品“5 行字老外就可以预订了”,但在我趣旅行网上就必须要 25 行字。

在哪里上车,在哪里下车;活动几点开始,几点结束;小孩能不能玩,老人行不行——在陌生的文化环境中,对于这些略显琐碎的问题,顾客往往需要问得很清楚才会下单。“这要很全面很详细,尽可能在网上体现出来。”黄志文表示,他认为这是一种很有价值的“脏活累活”。

而这些痛点也影响到了我趣旅行网的移动端策略——在在线旅游企业纷纷押宝无线的今天,黄志文选择的路径是先做 PC 再做手机触屏,最后才做 APP。

“长线自助游非常复杂。无论产品品类、描述、预订流程,还是中间的退改服务都是如此,我们有些产品描述,在 PC 屏幕上就 15 页,但没有这个描述的话,客人又不了解。”

此外,出境游的高客单价也是影响因素之一:一次5000块钱左右的消费,会让顾客对产品预订的审视更加仔细。黄志文不希望自己的顾客拿着手机盯成老花眼。

“移动端之于我们的顾客,最合适的是去了美国以后再用,也就是说,移动端是旅行中重要的预订及服务平台。”黄志文表示,随走随订的“本地人”式旅行消费,将是APP的用武之地。

这似乎是一种普遍的追求。在路上总裁唐一波与黄志文都将自己的目标归纳为四个字:说走就走——它同时是携程的广告语。事实上,这关系到我趣旅行网对“自由”二字终极的理解:让顾客有足够的选择,而且像本地人一样清楚可以怎么玩。

“今后我们会做目的地的行程攻略,帮助顾客更快更好地做出决策。”黄志文说道。目前我趣旅行网已经和蚂蜂窝、穷游等自助游UGC进行合作,未来还将纳入更多的入口及渠道。

“我们所有的努力,都是为了让出境游预订,像在携程上订机票酒店一样简单。”黄志文表示。

(二)《羊城晚报》访谈记录①

羊城晚报:在众多旅游垂直领域中,出境游因何得以崭露头角,涌现出一批新兴网站和APP产品?

黄志文:首先,出境游市场需求大,且处于快速增长期。各个国家为争夺中国消费者,签证政策逐渐放开;同时,人民币升值,出境游价格相对降低,都造成出境游人数大幅提升。2012年中国有8300万人选择出境游,2013年是9800多万,2014年出境人数达1.17亿人,这样算下来,仅出境游这一细分市场就具有万亿潜力。目前有60%的用户选择出国自助游。

其次,巨头还没出现,同行竞争不算非常大。最重要的是第三点,出境游市场仍有许多信息不对称,这为创业公司提供了发展空间。很多顾客痛点没有得到满足,这对互联网公司来说是利好,痛点越多,商机就越多。

羊城晚报:出境游创业公司的高速发展能持续多久?

黄志文:这是由市场需求推动的,没有太多泡沫。而且出境游有一定门槛,做这一块业务公司需要强大的队伍。

而从出境游市场来看,这仅仅是个开始,未来10年创业公司都有发展空间。许多小旅游公司会不断出现,各有针对的细分领域,解决消费者不同的问题,这还

① 羊城晚报,http://www.ycwb.com/epaper/ycwb/html/2016-01/13/content_901262.htm。

需要相当一段时间去成长。至于创业公司发展速度有多快,还要取决于资本投入。

羊城晚报:行业巨头携程也通过签证价格战、投资华远国旅等手段进入出境游领域,巨头进入,创业公司如何自处?

黄志文:我们并不担心巨头进入,首先,如刚才所说,出境游市场需求很大。其次,随着消费习惯变革,传统大公司不一定能满足新消费。携程原本专注于商旅领域,现转向休闲游,两者在运作方式、产品供应商等方面都存在很大差异。这为具备新模式的公司提供了很大的上升空间。

与大公司相比,小公司在资金、时间、资源上十分有限,所以在出境游大市场中,往往要选择一个更细分切入点。

例如,我们选择了单一目的地自助游,即美国。这个点非常小,但随着市场的发展,一年约有 200 万人前往美国自助游,对于创业公司已是很大的市场。同时,美国旅游形态多样,将美国产品做精,摸索出一套标准化模式后,还能将模式复制到其他目的地国家使用。这种模式总结起来就是"单一目的地,产品细分化"。

(三)经典语录

创业头一年就是在干"搬砖"的活,"但搬砖也有搬砖的价值,搬砖也不是所有人能搬的"。

旅游是这样的产品,如果你服务好之后,用户会特别感激你,会再次消费。

做事情不要急功近利,要从基础开始反复操练,同时也要训练全局观,尝试站在更高的角度去解决问题,总之还是要多沉淀积累,厚积而薄发。

没有极致追求的人很难成为一个好的架构师。

案例 9 游心旅行

一、企业简介

游心旅行成立于 2014 年，是以定制、半定制为主，为中高端用户提供一站式品质旅行服务的平台，网站 LOGO 以及网站首页如图 3-43 和图 3-44 所示。其全新的旅行管家概念让定制旅行服务深入人心，旅行资源平台化和客户服务 C2C 相结合的商业模式更让其在旅行行业备受瞩目。游心旅行成立至今已经拥有了 48 万网站用户，并且于 2015 年底完成了估值 10 亿人民币的 B 轮融资。于全球范围内甄选动人景致、精品酒店、独特旅行体验，并提供定制级旅行管家服务，让每一次旅程都能成为有深度、有态度的专属记忆。游心旅行有着对生活品质孜孜不渝的执著与笃定，希望以高品质服务令旅行者无忧尽享优质旅程。从基础的碎片服务，到个性的行程规划，再到专属的中高端定制，游心旅行全心全力为客户提供贴心周到的产品与服务。

图 3-43 游心 LOGO

图 3-44　游心旅行网站首页

二、创业源起及构想

游心旅行的创始人蒋松涛（见图 3-45），曾在金融证券领域工作，做过 PE、VC，也曾担任传承中国俱乐部理事，具备较强的商业逻辑能力，积累了较多的人脉资源。同时他又是一名深度旅游爱好者，注重旅行的全方位体验，他更了解中高端人群需求、注重异业合作机会。

图 3-45　游心旅行创始人　蒋松涛

“互联网+”时代下的垂直化和领域细分为旅游行业带来变革的同时，也带来了巨大的商机。随着中产阶级的崛起及人们生活水平的提高，单一的、标准化的廉价旅行产品，在越来越无法满足消费者需求的同时，也无法让旅行社获得良好的收益。基于对中高端旅行垂直细分领域的充分了解，他们在 2014 年创立了游心旅行。

游心旅行定位于旅游垂直细分领域中的中高端市场，着眼于将传统旅游元素、新兴元素、达人特色元素等以轻量化的方式进行互联网整合，定位于精品旅游产品，将精选资源、专业服务和完整体验相互融合，以严苛的标准推出了定制旅行、半定制旅行、当地游、自由行及度假产品等旅行产品。

三、发展大事记

2014 年 3 月，游心旅行成立，随即获得数百万人民币天使投资。

2014 年 5 月，游心 uthing 官方网站上线。

2014 年 8 月，游心旅行获得由鼎晖创投、北极光邓锋领投，估值 2000 万元美金的 Pre-A 轮融资。

2014 年 9 月，精选旅行产品正式售卖。

2015 年 1 月，游心旅行完成 1 亿美元估值的 A 轮融资。在 A 轮融资发布会上，著名投资人邓锋、沈骏、著名传媒人陈婷、著名旅行家眭澔平悉数到场，游心旅行与太美慧谷、cn、bless 等知名公司达成战略合作协议。

2015 年 2 月，游心旅行与高端奢侈品电商平台寺库开展全面战略合作，包括线上相互引流、产品售卖、会员服务、线下会所活动等，实现了品牌知名度、用户业绩的双向共赢。

2015 年 3 月，游心旅行携手爱奇艺进行斯里兰卡深度拍摄的内容制作，并进行了游心旅行的品牌植入，节目点击量近 300 万，品牌力得到延展加强。

2015 年 4 月，游心旅行与《时装男士》共赴第九届大理天问诗歌艺术节，与文人艺术家们把酒言欢，游心旅行得到了艺术爱好者的广泛关注。

2015 年 5 月，游心旅行携手《PCLADY》时尚杂志，共同体验迪拜、日本之旅，优质的报道内容吸引了大量阅读与转发，品牌与产品知名度得到提升。

2015 年 6 月，游心旅行与南方航空、CCTV 发现之旅进行战略合作，整合多方高端慈宁宫资源，共同开拓高端旅行市场。此外，游心旅行在短时间内完成百位众筹股东招募，在时间和众筹金额上都实现了重大突破。

游心达人旅行管家项目正式启动，与安东尼、柏邦妮、毛豆子、韦来、卤猫等多位行业意见领袖合作，为韦来 APP 的传播、旅行达人的招募奠定了基础。

2015 年 7 月，新版 APP“游心旅行管家”上线，下载量超 10 万，入驻商户和管家数近千，实现 40 万注册用户数。

游心旅行与《男人装》打造装女郎云南行，邀请装女郎入驻游心旅行管家平台，开启性感之旅。

2015 年 11 月，游心旅行获得 B 轮融资，引入中民智赢、合源资本等，估值达十亿人民币。

游心旅行荣获“中法创新加速器”大奖。

游心旅行荣获 We Media“2015 年度创业公司”大奖。

2015 年 12 月，游心旅行荣获常青藤创业营最具成长潜力大奖。

2016 年 1 月，游心旅行官方网站、APP 改版，定制化旅行体验全面升级。

2016 年 3 月，游心旅行两周年，与 8 家企业签署战略合作协议。

2016 年 4 月，游心旅行并购会玩旅行，拓展“车+X”业务。

四、商业模式

（一）核心竞争力

游心旅行自创立伊始就确立了服务于中高端特色旅游市场，提供有品质、有价值、有内涵的旅行产品的市场及产品定位。团队成员在职业生涯中通过长达七年的创业历程、上万人次的服务规模，在业务推进中逐步摸索、不断接受客户建议，点点滴滴积攒下了丰富的接待经验，并提炼总结出一整套完整的接待流程。凭借丰富的经验和完善的接待流程，游心旅行倡导“有态度的旅行，以及由心而生的启程”，注重提升消费者的旅行体验和满意度，持续保持低投诉率。

同时，为了实现定制类产品规模化，实现去中介化，游心旅行推出了“游心旅行管家”。“旅行管家”主要是利用互联网的方式将定制旅行、新奇路线、达人效应等元素进行整合，采用在线旅游中较为新颖的 C2C 模式，实现 C 端（Consumer）与 C 端（Consumer）的连接。“其中用户既是消费路线的使用者和体验者，也是路线的设计者和提供方；作为旅行管家，可以将定制的精品旅行路线发布到平台，用户形成实际购买后，管家可与游心平台进行销售分成。”

如果游客选择自由行的方式出行，那么一定要经历的就是自己订酒店、订机票，可是当自身时间并不是很充裕的时候，把这些行前准备交给旅行社去做，一切就变得简单起来，这就是定制游最大的优点。通过旅行社得到时间、价格都合适的机票、酒店推荐，得到目的地美食、景点的推荐，既节省了游客的时间与精力，又能够保证游客享受一次高质量的旅行，这就是游心的理念。

尽管面向的是相对小众的中高端用户，游心旅行仍凭借其优质的资源与服务得到资本的青睐。2015 年 12 月，这家创业公司宣布得到一笔来自具有金融机构背景的投资方上亿元人民币级别的 B 轮融资。游心旅行 CEO 蒋松涛承认，这轮融资后，游心旅行的估值达到 10 亿元人民币。2016 年，游心旅行计划在年底前登录新三板。

其实，游心旅行不仅仅是一个 OTA 企业，还是一个 B2C 以及 C2C 的平台。游心旅行是以定制旅行和 C2C 为特色，面向中高端旅行人群，提供一站式服务的大平台，为用户提供英式的管家式服务，在客人的行前、行中、行后都会提供一站式的全包服务。

（二）主营业务

游心旅行是为中国中高端用户提供品质旅行服务的互联网平台。着眼于将传统旅游元素、新兴元素、达人特色元素等以轻量化的方式进行互联网整合，定位于精品旅游产品，将精选资源、专业服务和完整体验相互融合，提出了苛刻的产品筛选标准，让旅行更随心、更独特；着重满足人们的个性化需求，可以提供定制旅行、当地游、自由行、商旅及度假产品。同时游心旅行还与《时尚》、PCLADY、爱奇艺、精品购物指南等知名品牌展开了跨界的深度合作。

（三）赢利点

游心旅行推行“成本+服务费”的消费模式，为消费者提供明明白白的消费。在产品中将采购进价全部展示给消费者，然后按照一定比例收取服务费。服务费标准通常为 8%～10%。

目前，游心旅行已经实现盈亏平衡，B 轮融资完成之后，游心旅行将能够保持很长一段时间的稳定运转。同时游心旅行还在考虑一些更激进的做法，比如寻求并购机会。蒋松涛认为，“这是最好的时代”，资本寒冬之下，一些在线旅游企业可能会出现问题，而游心则考虑通过并购扩大规模、增加利润、更好地掌握上游资源。尽管面向相对小众的高净值用户，但游心旅行的业务规模、融资节奏和估值增长都很快，而蒋松涛本人则一直对这一群体的数量和消费能力抱有信心。同时游心旅行也在向下延展，比如签证业务（上线初始就拥有 300%的周增长速度）自由行产品、目的地碎片化产品等，这部分产品有利于扩大用户基数，也能够以边际成本较低的方式增加营业收入。2016 年 4 月，游心旅行刚刚完成了对会玩旅行的收购之后，“车+X”业务将成为游心的另一大业务增长点。

（四）市场定位

在“互联网+”的时代背景下，旅游行业快速发展的同时也经历了一次完整的行业链洗牌。在信息提供更加充足丰富的前提下，消费者可以更加清晰地了解原有单一打包的旅行产品是由哪些碎片化元素构成的，并且可以自主开展各种单项碎片化旅行采购活动，从而使得旅游产品从单一的打包销售转变为跟团游与自由行或半自由行等更加随意的形式并存，进而产生了行业细分的市场。

在游客需求日益多样化的今天，怎样能够满足用户需求，提高用户黏度，是每家企业都在努力去做的事情，而在游心旅行，这件事变得简单起来。首先，在游心，顾客与商家并不是单纯的合同关系、买方与卖方之间的关系，游心要做的是变成游客的全能管家。

在游心旅行网创立初期，第一批客户是来自创业营、商学院，以及财富俱乐部的高端用户，这样的客户往往拥有高净值。近期，游心旅行又与腾讯、高姿等高端企业以及一些高尔夫球会进行合作。搭乘分享经济的顺风车，利用圈子、人脉等资源，在服务老客户的同时，也获取了大量的新客户，而这些客户的黏性更高。

随着游心旅行逐渐向社会中等收入群体渗透，如何能够获得新用户的信任与口碑，就成了游心如今面临的问题。蒋松涛认为，通过提供优质、良好的服务，差异化、细微的服务，让客人认同游心，成为朋友，能很大程度提升用户的黏性。

看看游心的服务流程：在行前，了解客人的出行需求、目的地，给客人设计别具特色的行程，把方案提交给客人；在行中，通过送机管理、游览管理、现场管理、入住管理、细节分工、质量确认等，进行一系列的接待细节的落实；在客人旅行结束后，与客人进行长期的联系，根据客人上次出行的目的地，为他们做一些旅行产品的推送。游心就是凭借标准化的流程管理，让客户惊叹游心的细致和关心，带来流畅的行程体验，提升整个服务的印象。

（五）营销模式

游心旅行自一开始就专注于为中国品质生活人群提供符合时尚潮流趋势的精品旅行服务。

与传统的大众团体的旅游模式不同，也是为了解决国内现有的旅行问题，游心旅行特地打造出“私人定制”这一全新概念。基于对旅行人群需求的深刻洞察和对旅行意义的独到见解，游心团队以专业的旅行服务姿态搜罗全球景致，精选出涵盖自由行、定制旅行、半定制旅行及碎片化产品等一系列高性价比旅行产品，全方位满足个性化需求，让旅行还原它原本应有的魅力。

游心旅行在线上和线下都开展了营销活动。

线上营销活动的优势在于传播速度快、传播面广。但一方面，线上消费者对价格更加敏感，很难真正抓住中高端人群；另一方面，线上推广的精准度和成本劣势都更为明显。因此，游心旅行的线上营销活动要以展示和树立品牌形象为主。

线下推广方面，游心旅行积极与全国各地商会，包括 EMBA 商学院、银行、金融理财机构，以及时尚媒体等中高端人群集中的组织机构展开异业合作。

定制游简单说其实是一种"旅游攻略+电商"的模式，定制就是攻略落地的过程。只不过由普通人提供的攻略在模式上成了 P2P，而达人的攻略落地后则成了定制。由于攻略的非标准化属性，平台与客户的沟通频率需要更多一些，所以定制游重点强调的是服务。

（六）业务模块

业务主要划分为三大板块：

第一，定制旅游。伴随互联网成长的一批 80 后、90 后的年轻群体愿意接受一些多元化的选择，当一些标准化的产品满足不了他们纯个性化的旅行诉求时，游心旅行就会为他们提供一些定制产品。整体说来，定制旅游产品属于中高端的旅行产品。

第二，"商家平台"，其实就是在做同业平台化的业务。游心希望这个平台推荐的是符合一些中高端人群旅行需求的一些同类型、相对优质的旅行产品或者旅行品牌。哪怕是个人注册，如果他已经服务过很多高端人群，也掌握一定的当地高端旅行资源，也可以作为个体在"商家平台"开店，把自己认为好的旅行产品放上来。

第三，一些自由行和碎片化产品采购。这个板块游心也会做一些预采，包括酒店、机票，游心再将这些产品打包，做成一些简单的半自由行产品或者自由行产品，比如加上目的地的演唱会门票、比赛门票等；还包括海外中文车导服务，以及周边所能覆盖的所有碎片化服务。

五、未来规划

游心旅行致力于成为中高端定制化品质服务的旅游品牌领导者；以品质提升价值，做中国最受信赖的旅游服务平台。

随着游心旅行会员队伍的壮大以及体系下的功能细分，布局会员精细化管理、发力深度用户体验势在必行。未来，"旅行+医疗""旅行+教育""旅行+体育"等一系列"旅行+"模式将会在游心出现，用户、股东，甚至商家联盟间的相互合作将会进一步加强。

此外,境外目的地旅游需求高度个性化、碎片化。基于此,游心的业务也由此展开为三大板块,即高级私人定制旅行、基于数据与行程规划工具的半定制旅行、自由行和碎片化产品。未来,游心将重点通过并购等方式拓展海外目的地旅游市场,加大对当地产品、服务提供商,以及 OTA 渠道端的布局和把控。

六、给旅游创业者的建议

每个行业的发展都是有规律可循的。任何一个人不可能仅凭自己的一些独到见解,去改变一个行业几十年的运行规模,那是很难的。而最好的办法是什么呢?创业者应该是带着自己的观点、想法和坚持,进入到想干的行业去,踏踏实实地学三年,看三年,想三年。然后再按照自己的想法和点子跟这个行业去做契合。当发现凭自己的点子和想法对传统行业的一些方面可以产生颠覆性效应的时候,再做创业的规划。发展的时候一定要把自己精辟的点子和创意融入到行业去,而不是非要独辟蹊径不可。现在发展起来的企业,有多少是独辟蹊径?大家一定是在慢慢熟悉这个行业后,才能发现行业的弊端是什么,再进一步通过自己的点子、想法或者技术后台来改变这个行业弊端,从而改变行业发展前景和发展价值。这样才可以少走弯路、节约成本。

案例 10 有米定制旅行

一、企业简介

（一）企业简介

成都有米商务信息咨询有限公司简称有米定制旅行，是四川成都一家致力于打造高端品质旅游品牌的私人定制旅行公司。公司为客人提供旅行设计一站式的专业服务，从签证办理到航班衔接核对，从线路安排到景点选择，从接待车辆到导游服务，从餐厅选择到酒店安排，有米将关注每一个旅游细节，确保客人的全程无忧。

公司以“诚信严谨，带旅客走真正的旅途”为核心价值，希望通过他们的专业与经验，让每一位旅行者深切感受到物有所值，同时为公司的产品推广提供有威信力的良好形象。

从公司成立以来，有米旅行一直秉承以用户需求为核心的理念，在专注成都本地市场开拓的同时，为更多的外地旅行者或团队提供定制旅行服务，优质用心的服务赢得了顾客的信赖和好评，在成都地区树立起了良好的公司品牌形象。公司不仅仅提供专业的定制旅行服务，同时还建立了完善的回访活动服务体系，为企业发展总结出更多的经验与方向指引。他们相信，通过他们的不断努力与追求，一定会实现顾客与公司的互利双赢，使私人定制旅行行业壮大与发展！

有米定制旅行 LOGO 见图 3-46。

图 3-46 有米定制旅行 LOGO

（二）企业宣传

什么原因让你爱上旅行？远方的风景，神秘的部落，美丽的古堡，别出心裁的住宿，诱惑舌尖的美食，内心的触动，对未知的渴望……什么原因让你踟蹰于旅行？烦琐的行前准备，尴尬的文化障碍，不熟悉的目的地线路，千篇一律的旅游模板，内心的慵懒，缺乏改变现状的勇气……

有米不想看到你辛辛苦苦积攒的假期换来的却是对远方的浅尝辄止，更不想看到你盼望已久的旅行在走马观花中慢慢转化成一份失望，世界如此美丽，有米想带你去最纯净的一方净土看一看大自然的慷慨馈赠，去最原始的一方圣殿读一读这历史的无声诗篇，去最真实的一块土地听一听当地人的古老传说。

二、创立源起及构想

喻骏（Leo Yu），见图 3-47，成都有米商务信息咨询有限公司的创始人之一，资深旅行规划师。早年从华西医院研究生毕业以后，并没有选择稳定高薪的医生一职，10 年间随心所欲周游世界，已经走遍 40 多个国家，对国外的私人定制旅游也是颇有心得，回到国内之后就想用自己的经验为更多的人创造福利，交流自己的旅游心得，推介怎样玩才会性价比更高，怎样玩才能拥有超值假期。有了这个想法之后，有米便应运而生，积极在国内推崇私人旅游定制，告别传统式的赶路坐车跟团游，为客户规划属于自己的特殊而有意义的旅程。

图 3-47　企业创始人　喻骏（左）、张杰（右）

张杰（Bruno Zhang），成都有米商务信息咨询有限公司的创始人之一，曾于法国留学 7 年，酷爱旅游，多次游历新西兰、瑞士、挪威、冰岛、芬兰、希腊、德国、西班牙、荷兰、比利时、东欧各国等。积累了丰富的目的地资源的他，有一个坚定的信念——利用资源为客户服务，让更多的人深刻体会到这个世界的美丽。带着这个信念，回国从事高端旅行定制工作。

有米的名字由来也有一个很有趣的构思，有谐音 You，米谐音 Me，有米即 You&Me。旅途之上有你有我，人潮人海中相遇即是缘分，正如有米的宣传语：三生有幸遇见你，承蒙时光不弃。感谢时间让我们相遇，感谢有米能为你的旅途添彩加色。

三、发展大事记

2015 年 12 月，有米定制旅行成立。

2015 年 12 月，有米的微信公众平台正式创立。

2016 年 2 月，有米的第一次线下活动圆满成功。

2016 年 3 月，有米定制旅行——专注于私人定制旅行的 B2C 平台正式上线。

2016 年 4 月，有米的第二次线下活动“日光盘”圆满成功。

2016 年 6 月，迎来公司成立以来的第一个暑假，繁忙的旅行旺季为公司以后的发展打下了坚实的基础。

四、商业模式

（一）市场定位

目前有米针对的用户人群是年龄在 30~50 岁之间的中高端人群，他们拥有一定的消费能力，但没有时间做旅行规划，同时又追求高品质的生活，追求个性化、深度化的旅行路线。以后市场定位将会更加广阔。

（二）核心竞争力

有米拥有强大的旅行规划师团队。每一个规划师都有相当丰富的出境游经历。因而在出境旅行方面更具心得，更加了解客户的需求，也能为客户提供最好的旅游路线、推荐最棒的旅行项目，让客户玩得更好，更加深入体验旅行目的地。

（三）营销模式

有米采取线上、线下相结合的营销模式。线上主要通过一些平台、公众号，例如微博、微信来做一些推广，同时也会在微信上推出一些低价的出境游活动。而在线下则会组织一些主题派对，并与一些机构展开合作，例如高尔夫俱乐部、马术俱乐部等，以此打开有米的营销市场。有米定制旅行官方微信二维码见图 3-48。

图 3-48　有米定制旅行官方微信二维码

（四）赢利点

目前有米的定制费用包括定制服务费和实际产生的预订费用。有米采取了两种盈利模式。一种是为有自由行能力的客户提供旅行路线规划，在此基础上，会收取一定的服务费。第二种就是全包价形式，提供签证、租车、酒店、游乐项目、当地导游、美食推荐等各项服务，以此来收取一定的服务费、项目费。服务费会根据行程的复杂程度来决定，一般来说平均每人 800~1500 元左右。首先，有米的旅行规划师会通过与客户的沟通交流制订出一个初步的行程方案，当初步行程方案经过客户的认可后，有米会依据行程复杂程度收取相应的服务费。之后有米的旅行规划师会再次与客户沟通确认，丰富细化初步形成方案，落实此次行程的每一个细节。实际产生的预订费用是在客户旅行出发之前有米为客户所预订的各项项目的费用，需要分批次支付。有米承诺，费用也会公开透明，所有的付费项目也都会提前告知并与客户商议。

（五）关于机票酒店

低价的机票、酒店是压低出境游成本的一个有力方式，同时机票酒店也是旅游企业服务的最低保障。在问到喻总如何拿到低价机票酒店，是否有固定的合作商时，他表示，现在 OTA 系统是非常强大的，价格也是此消彼长、公开透明的，有米会通过比价，筛选出最便宜的价格，再进行选择，同时也会参考携程等行业内网站。总之，会通过各种途径选择出最优质的机票酒店。因此有米在这方面也没有固定的合作伙伴，全凭线上线下的比较。

（六）企业特色

21世纪，各色旅游企业拔地而起，专注出境游的旅游网站也不在少数，与其他旅游网站所不同的是，有米选择的是深度游，目的地少而精，对每一个目的地规划师们都会反复考察、反复衡量，思量怎么样把最特别的东西带给客户，让客户玩得尽兴。选择深度游，便是有米与普通旅游网站的不同之处。

在细节方面，有米除了为客户提供签证、航班、租车、酒店等服务外，也会根据当地的实际情况为客户提供贴心的物品。例如会为客户提供防晒霜、蚊虫叮咬膏、对讲机、小药包等物品。而旅行三宝的准备则是有米为每一位客户提供的行前必备物品。值得一提的是，有米会为每位客户提供旅行中的路书一本，其中包含旅行路线、酒店及航班信息、旅行行程安排等详细信息，让旅客即使在没有导游的情况下也能独自完成愉快的旅程。路书同时具备纸质版与电子版两个版本，方便快捷，最大程度地保证客户的旅途无忧。

（七）主营业务

有米的定制服务会深入到客户旅行途中的每一个细节。量身定制的行程路线，旅行前的签证、机票、酒店、餐厅、景点门票、目的地租车的预订工作，旅行途中的交通、语言、文化障碍等方面的解决方案，包括到达旅行目的地后的向导、旅拍等服务人员的选定，有米事无巨细，尽心尽力。

五、面临的问题

（一）关于宣传自己

有米作为一个新起步的网站，如何在各色旅游网站崛起的时代中脱颖而出是目前而言面临的最大问题，而脱颖而出与推广营销密切相关。在这一问题上，喻总表示，推广营销固然是必不可少的，但是他不太喜欢做一些硬广告来宣传自己。相反，喻总更加相信好口碑的力量，他希望能够通过自己的努力来做到吸引回头客，让客户口口相传，以客人为原点向四面辐射，以此来达到宣传的目的。客户就是自己的活广告。因此喻总也表示，他们认真对待每一个客人，脚踏实地地为客户提供服务。

（二）规模问题

随着企业的发展、客户的增多、业务量的增大，喻总发现客人的需要越来越多，也越来越细，在与客户的逐渐接触中，这样的问题暴露得更加明显。喻总表示，有米会借此来扩大企业的规模，增加服务团队人员的数量，来设计、提供更多的旅行路线,更加好玩的旅行项目,以此来满足客户的需求。

(三)人才需求

随着企业规模的扩大,人才的需求量也必然会增大。从行前的路线规划设计,行程中的旅游管家陪同,到行程结束后的纪念册、相册制作,这些方面都需要再加强人才的培养。

六、未来规划与风险

(一)业务开发

在未来,除了大家耳熟能详的旅行地,有米希望开发更多的国外旅游目的地,更加深入地挖掘国外的旅游资源。希望把国外当地人的旅行、休闲之地,或者说更加地道的、更加具有当地人特色的旅行地,在我们国内进行传播,也希望在旅行中加入更多当地人的休闲娱乐方式,例如,体验法国的酒庄,住日本的寺庙,看非洲角马的迁徙,在热带雨林里徒步等。总的来说,有米希望带着客户更加深入地了解、体会到异国的风情,不单单只是“我”来过,“我”要看过,也要玩过,带给客户体验式的旅行。

(二)关于融资

旅游创业属于轻资产,有米的初期资金是由喻俊与张杰两位创始人共同投入的。对于外来投资,喻总认为目前还不是时候,有米目前仍然处于发展初期,业务量也相对较小,运营机制、商业模式也仍在磨合之中。喻总表示,当企业发展到一定规模、一定的成熟度之后,可能会考虑融资的相关事宜。

(三)“达人带路”

有米目前也正在筹划一种新的旅行模式,叫作“达人带路”,邀请旅行达人一同前往旅行地。不仅能跟着“达人”了解当地国家的风土人情,还能因此学习到旅行技能,让客户的旅行不仅仅是旅行,更像是学习更多的知识,丰富自己的人生阅历。有句话这样说,“去哪里很重要,跟谁一起去,更重要。”

七、创业者启示摘录

(一)对于大学生创业的看法

喻总表示,作为一个创业者,最重要的是要放低自己的姿态,不要想着一下子就能成功,也不要急于求成,要摒弃自己的浮躁,一切都需要一个历练的过程,中间也一定有一个雕琢的过程,允许犯错,但要脚踏实地地服务客人,不要投机取巧,营销模式这些也需要一段时间的摸索、尝试、磨合。同时，喻总还表示，在创业的过程中，要一直坚定自己的目标，在这其中可以有些许偏差，但是不可以有大的动摇。持之以恒也是成功的一大要素。

创业是一个压力非常大、非常辛苦的过程。希望大家还是谨慎，不是说创业就一定好，有的人适合，但有的人确实不适合，这也不能够勉强。从项目的选择到伙伴的选择，细节非常多，需要非常的耐心，也需要敏锐的眼光。不是一定说毕业就得创业，一毕业就选择自主创业还是有些盲目，至于在校大学生创业，这是非常有难度的，因为没有任何的经验积累，也没有任何的社会交往能力，涉世未深。

生活的历练，还有个人的能力，以及对项目的精准判断，这些都是对创业来说非常重要的。如果没有很好的项目，去摔这一跤不是很值得。所以说创业并非一定适合每个人，很多年轻人头脑发热去创业，摔得头破血流不是很划算。

创业不是那么简单的事，不是一做就会成功，有好的 idea 就会出人头地。做好充足的准备，其中包括经验、经历、阅历、资金，选择好具有发展前途的项目，再去选择创业，喻俊表示，这会轻松许多。

（二）对创业者想说的话

每个人都是独一无二的，旅行不将就，游出自己的品位。有米在致力于为大家提供深度旅游和服务的同时，也有一个更大的梦想与计划——实现旅游与人文大融合。

文化是旅游的灵魂与魅力所在。旅游是实现文化教化功能与娱乐功能的载体，也是挖掘文化、优化文化、丰富文化和保护文化的途径。有米下一个计划就是实现文化交流，做文化旅游的领跑者。下一步，有米将举办中法文化交流沙龙和有米国际创作营等品牌活动，邀请法国当地著名艺术工作者来中国与大家进行文化互动，之后有米将要举办小朋友国外艺术之旅，让小朋友们在童年时光能够深度体验国外风情，陶冶情操。在坚持文化交流与创意产业结合的基础上，展望文化交流的未来。

在旅游的同时享受健康管家服务，进行有效的健康管理是每一位旅者不能错过的，在旅程中搭配健康检查服务，让旅者在享受观光休闲之余，亦能兼顾健康与美丽，这就是有米独立打造的医美旅游产品，为更多的人创建一个健旅美途的行程。有米推出的日本医疗旅行，在与当地著名医疗机构合作的基础上，关注生命健康，注重旅游品质。

但是这些还不够，有米相信他们能做的永远要比已经做得更好。对于有米来说，目标与梦想一直在前方，展望未来，脚踏实地，做时代先锋和弄潮儿。

(三)对于传统旅行社的看法

在旅游这个行业中,电子商务旅游与传统旅行社正在瓜分“一瓢粥”。在问到喻总对于传统旅行社的看法时,他表示,不论自己是否看好传统旅行社,在未来很长一段时间内,传统旅行社都会占据旅游行业的半壁江山。因为传统旅行社是日积月累之下的产物,不会轻易被取代,但它也犹如一锅“大锅菜”会聚各行各色各种性格喜好的人,难以去平衡。现在的社会结构就是需要一些量身定制的、个性化的不一样的东西,有米定制也算是应时而生。

同时喻总也表示,一个企业的特色也是衡量一个企业能否长存的一个关键点。他表示,他发现旅行社目前也在推出具有个性化的旅行路线,创造特色,去满足小部分的客户。喻总认为有这样的意识是非常重要的,现在的社会已经是一个到处充满创意、追求个性化、追求生活品质的时代。

因此喻总表示,未来传统旅行社的发展还难以定论,传统旅行社的未来走向还得看它如何行动,如何展开它的下一步。

案例 11 指南猫旅行

一、企业简介

指南猫是中国第一个将旅行计划与旅行社交真正结合的 Web2.0 服务社区。指南猫官网网页见图 3-49，指南猫 LOGO 及微信公众号见图 3-50。

图 3-49 指南猫官方网站

图 3-50 指南猫 LOGO 以及微信公众号

指南猫进入移动互联网领域仅半年时间，目前旗下已有3款应用：指南猫旅行、最美路线、最佳旅伴。

指南猫是一个伪文艺、具有娱乐精神的旅行设计平台，创造了一种全新的旅行方式——达人定制自由行，开启了旅行3.0时代，基于分享经济借助PGC提供旅行定制O2O服务，是年轻人的轻奢旅行之选。不跟团、不自助、没有固定线路，结合定制游的省心和自助游的自在，由当地旅行经验丰富的旅行设计师，完全根据客户的需求量身定制行程方案，客户拿着自己的专属路线方案，就可以轻松出行。

指南猫通过自助选配（Name Your Trip）+反向预订（Name Your Price）模式，为旅行者接入路线策划和定制的第三方服务，让服务提供者可以直接发布服务和产品，打通旅行定制，减少中间环节，构建一个旅行路线设计与产品预订的自媒体生态系统。

旅行设计师可以一对一提供路线设计和旅行定制服务，专业旅行设计师的定制让用户信服。指南猫平台上目前拥有旅行设计师6000多人，遍布105个国家。设计师们一般都是业余时间多、爱旅游的自由职业者、专业领域资深专家、网红或者全职妈妈。每一位旅行设计师都有自己的特色、经验和专长，比如说有的设计师是极限运动爱好者，有的是威士忌迷，有的特别喜爱美食，所以每个设计师带给客户的体验也是完全不同的，可以根据自己的喜好选择旅行设计师。

有旅行经验的人都有可能变身指南猫平台上的旅行设计师，由设计师来为用户提供定制服务，因此指南猫本身不是一个定制机构，而是一个定制游的服务机构。也就是为那些定制机构或者是能够提供定制服务的个人去服务的，为他们的定制去开发一套帮助客户提高效率的系统。指南猫有自己的行程规划工具，有自己的一套定制系统，有一个PUI的库，有设计师的培训机制。指南猫其实做的是针对设计师的服务和培训工作。把这个平台面向大众，所有有资历的人，都可以来指南猫平台上去发布他们的服务，用户可以去从中选购。

二、创业源起及构想

在2004年的时候公司创始人任静（见图3-51）就已经萌发了这个想法，2004年去哪儿网刚刚面世，携程已经上市。当时，如果一个人出去玩，那么在玩的时候都要自己去订机票订酒店定行程。那个时候很多都是用携程去订，订了之后就会发现在携程上订的都是很碎片化的东西，订个机票就是机票，订个酒店就是酒店、还没有现在这么智能。那个时候订完的信息还是靠手写，订了票之后还会把那个信息抄下来，抄在本子上，出去的时候你再拿个本子看，到了当地去买个地图，对着地图去找你要去的位置。或者去问当地人，特别麻烦。那个时候电脑已经很普及了，任总就想应该有个软件去解决大家的规划行程的问题。那个时候很简单全手写，所以认为当时携程应该会做这样的一个 APP，任静就把这个想法记了下来，那个时候任静还在念大学。结果在 2007 年的时候仍旧是那样的现状。于是任静就去面试携程想加入携程，想在携程里把这个想法提出来，把它实施了，很不幸被携程拒绝了。之后任总开始做投资，2008 年初开始做投资，做投资的时候特别忙，只能用非常有限的时间出去玩，每次出去玩的时候都很痛苦，就在想为什么这个事情历经十年都一直没有任何机构或组织去解决这个问题，所以在 2012 年时觉得时机也成熟了，整个大的互联网环境，包括在线旅游的发展趋势也渐明朗，任总于是开始启动这个事情，在 2012 年底的时候去筹备，2013 年 3 月就正式启动了指南猫这个项目。

图 3-51 指南猫创始人 任静

2013 年正是创业潮起步的时候，所以各方面的人才，不仅是互联网人才还有市场推广人才都很难找到，因此都是从她身边的人开始寻找，同学、朋友、同事、校友，等等。

创业之初最先做的是网站，指南猫网站是在 2013 年 9 月份的时候就已经开始公测。12 月网站 1.0 版本开始上线，上线了之后就发现，大家在 PC 端的操作应用其实已经开始在走下坡路。大量的人其实已经开始喜欢用移动端来做事情，而且那时微信刚起步，于是任静团队抓住时机开了个微信公众号，发现大量的浏览来自于微信公众号。开始做移动端，做了一个 H5 的移动端网页，微信的功能非常有限，很多事情在微信上都做不了，所以指南猫才在 2014 年开始开发自己的 APP。

指南猫团队照片见图 3-52。

图 3-52　团队照片

三、发展大事记

2013 年 5 月，上海指南猫网络科技有限公司成立。

2013 年 7 月，办公室由灿虹精英大厦迁至尚博创意产业园。

2013 年 9 月，网站 beta 开始内测。

2013 年 12 月，网站注册用户超过 1 万人。

2014 年 7 月，指南猫旅行 APP 1.0 版本上线。

2014 年 9 月，获得川岳资本天使投资。

2014 年 12 月，获得中路资本 pre-A 投资。

2014 年 2 月，因团队人员扩张，办公室搬迁至滨江 2250 创意园。

2015 年 3 月，被评为“2015 年上海最具发展潜力创新服务企业”。

2015 年 4 月，指南猫旅行 APP 2.0 版本上线。

2015 年 7 月，指南猫入选中国 O2O 百强风云榜。

2015 年 10 月，累计帮助超过 3 万人次定制旅行。

2015 年 12 月，获得美元基金 A 轮投资。

2016 年 8 月，指南猫旅行 APP 2.8 版本上线。

四、商业模式

(一)核心竞争力

指南猫的经营特色是服务旅行设计师,目前已经有6000位旅游达人作为旅行设计师为客户服务,也是目前国内拥有最多旅行设计师的公司。

旅行设计师就是指在某一个城市有丰富旅行经验的人,用他的经验给其他要去这个城市旅行的人一些建议,帮助旅行者设计最适合他们的旅行方式和路线安排。从事的工作也是自己的兴趣爱好,自己的旅行经验可以转化为价值而产生成就,还可以结识到志趣相投的好友。

成为旅行设计师以后,指南猫不仅为所有认证后的旅行设计师提供免费培训,还有丰富的回馈,犒劳设计师的奉献,如:

(1)旅行设计师为用户提供路线设计服务,将获得用户支付的设计服务费收益。

(2)用户使用设计师设计的路线或通过设计师的推荐成功出行后,因此而产生的预订收益指南猫将与设计师进行分成,分成比例将结合用户对设计师的评价,以及对路线或推荐的评分来计算。

(3)每年评选一次优秀设计师,入选的设计师将获得由指南猫提供的免费境外度假福利。

(二)主营业务

除了平价定制旅行,客户还可以获得独立旅行设计师和智能向导的服务。由具备当地经验的旅行达人为用户定制旅行路线,实现按需定制、攻略制作、全网比价、独立采购、一站预订,满足用户越来越个性化的旅行需求。

(三)赢利点

旅行设计费收益分成,OTA预订返佣,B2B平台或直采预订差价。

(四)市场定位

随着人们物质生活的丰富,旅行已成为生活中的常规事项。但在这个信息爆炸的时代,独立进行一次旅行需要付出非常高的时间精力成本,因为过程中将需要制定符合自己旅行习惯的攻略、需要进行预订产品的筛选比价,甚至是预订环节本身也十分耗时麻烦。

用户在做旅行决策时有这样一个决策环,从产生兴趣到实际出行之间,需要完成漫长的准备工作:搜集攻略、查询机票酒店等信息、预订当地服务、安排行程,等等。同时，旅行是产品标准化程度极低的行业，几乎每个人的出行需求都会有细微差别，这就导致你必须为定制自己的旅行做足够的功课。

“很多用户对目的地并不了解，最初产生兴趣可能是因为一部电影，甚至是一张图片，所以他们根本不知该如何去安排这次旅行，需要一个对目的地非常了解的旅行设计师，根据时间、预算、偏好来为他们定制旅行方案。”指南猫 CEO 任总这样形容指南猫平台的切入点。

路线方案样例见图 3-53。

图 3-53　路线方案

（五）营销模式

定制旅游关键看人。旅行设计师可以一对一提供路线设计和旅行定制服务，专业旅行设计师的定制让用户信服。指南猫平台上目前拥有旅行设计师 6000 多人，遍布 105 个国家。设计师们一般都是业余时间多、爱旅游的自由职业者、专业领域资深专家、网红或者全职妈妈。每一位旅行设计师都有自己的特色、经验和专长，比如说有的设计师是极限运动爱好者，有的是威士忌迷，有的特别喜爱美食，所以每个设计师带给客户的体验也是完全不同的，客户可以根据自己的喜好选择旅行设计师。

路线设计样例见图 3-54。

图 3-54　路线设计

任总指出："创办指南猫的初衷是希望让大家可以像当地人一样感受生活的美好，用自己的方式去体验世界。我们的客户以追求品质的年轻人为主，他们有些文艺情结、爱好科技、乐于接受新生事物、更有包容心，他们在旅游时更关注自由度、个性化、体验感，倾向小众目的地，喜欢体验当地特色酒店和美食。我们倡导的是自由行，与传统旅行社的定制游有很大区别，在旅行过程中没有真人导游，我们用电子导游将整个行程串联起来，交通、酒店、景点在 APP 中全部集成好。"

旅行设计师一需要"专业"，设计师对目的地的深度实地旅行体验造就了专业的旅行设计功底；二需要"敬业"，设计师对这份工作和这个职业充满无比的热情，为客户答疑解困，不厌其烦且有亲和力的服务态度造就了游客的愉快出行体验。

旅行设计师见图 3-55。

图 3-55　旅行设计师

（六）互联网+和智慧旅游对指南猫的影响

对于互联网+时代和智慧旅游浪潮对指南猫的影响，任静表示：智慧旅游和互联网+在每个行业都有这个应用。对于指南猫来说其实是两个非常典型的代表，从原来的纯人工定制到现在人工加智能的方式来做，指南猫其实是通过了智能化的行程规划工具和智能的电子向导系统（LBS），为顾客提供旅行过程中的导游服务，及时把指南猫原来传统的旅行方式放到了线上，从而替代掉一部分人工导游的作用。传统的人工导游不是让你一定要带一个团，而是以做一个旅行设计师的方式来把你的价值给发挥出来，所以说其实指南猫不是抢了导游的饭碗，而是指南猫给了导游一个升级转型的平台。指南猫做的事情如果是按照整个旅行社去做开发，那原来旅行社的操作、计调、导游都是可以成为平台上的设计师的，那么他们原来的那些传统方式就已经落后了，用了这些新方式之后，能够带给别人更好的旅行体验，所以说指南猫其实是一个升级改造的过程。指南猫是要用技术的方式去帮助他做改造，所以在改造这方面指南猫的应用非常典型。

旅行日程样例见图 3-56。

图 3-56　旅行日程

在互联网+这块，这个模式其实是基于分享经济的模式在做，那么分享经济就有一个前提。你的信息是要能够互通的，如果没有互联网我们的信息是封闭的，没有办法在一个集中的地方进行扩散和集聚。那么有了互联网之后呢，我们每个人的经验每个人的信息都能够在网上得到传播，在这块我们的这个旅行设计师也是很典型的。所以我觉得智慧旅游和互联网+对于我们来说是一个非常好的总结，它是把原来传统纯服务型的旅游变成了服务加技术的旅行方式。

五、面临的问题

就是公司的知识产权所遇到的问题。在指南猫刚开始做的时候，团队没有将商标注册放到特别重要的位置，因为当时还没有知名度也无所谓。随着创业的起步，指南猫有点名气了，这个时候团队想到需要去注册商标了，结果发现指南猫已经被人给抢注了。既然别人抢注了指南猫，现在团队要拿回这个商标，就将面临着要去提起争议，要去和对方打官司。据悉直到现在指南猫的商标也还没有完全落实回来，在这上面砸的钱非常多。做一次商标争议的处理少则几十万多则上百上千万，所以对于一个创业型的公司来说这是一块完全没有必要的开支。因此，对于很多的创业者来说，企业商标应尽可能提前去做保护，否则这是一个很大的坑。

六、未来规划

对于指南猫未来的规划，任静表示：目前就是想先把现在的工作做好，以后再扩展其他空间和领域，因为定制这个事情是一个非常复杂的事情，复杂到很多的巨头公司都没有办法坚持下去，指南猫做了三年的时间，也还只是做到目前的规模而已，并没有做到非常有名，不像一些短平快的项目，就像以前的脸萌、足迹等企业，一下子就能爆发，你可能有一个很亮眼的产品，然后全世界都知道你了。定制游不是，定制游是要花很多时间去打磨中间的每一个细节，把这个用户的体验给做到极致，那么用户才会来埋你的单。当公司经验积累到一个量之后，突然间潜移默化地你会发现身边的人原来都在用指南猫了，这样才会有品牌的爆发和建立，所以对于定制旅游来说就是很苦很累很脏耗时很长的活。我们现在想做三件事，第一件事是怎么样把定制效率提高。现在定制一天的行程大概要花一个小时。指南猫要把定制的时间从一个小时变成十分钟，这是第一个目标现在要去做。当效率提高之后，设计师的收益才会变大，时间成本就降低了。第二个事情是要把设计师给包装出去。设计师都非常有特色。在各个行业各个领域里，旅行设计师对旅行很有见解很精通，但是没人知道。所以第二件事就是把这些设计师包装和推到前台，就是让大家认识他们。第三个是要向目的地要产品，比如把当地好玩的东西放在我们的平台上，让旅游地能够在指南猫的这个平台上面把他的产品和服务与指南猫的 PUI 对接起来，对于用户来说这是很好的一个点。现在客人要去买这些产品都是要去携程、去哪儿上订，网站本身要赚他们的钱，要收 15%、20%或者 30%的佣金，那么其实用户买的价格其实是加了价的，那么如果能够直接到携程的供应商去，指南猫不会去像携程那样收那么高的费用，只会有 2%到 3%的管理费。这对于用户来说就是省了钱。所以这三件事在未来指南猫至少需要一到两年去攻克，只有把用户的服务体验弄好了，让设计师的工作效率变高了，让整个成本降低了，才能去做更多的事情。

对于一个非常轻量级的公司来说，不会需要很多的人，指南猫这套体系建立得非常完整，就是从今天到将来即使做到100亿的规模，都会只有几十个人。指南猫做的事情就是技术的维护，把这个平台开发好了之后，只要有人不断地去升级换代，有人去做维护，只需要有一个技术团队就可以，这个技术团队也不需要非常庞大，因为不是纯技术型。比如百度搜索要有很多的人去做分析，指南猫都不需要，指南猫也要让设计师的培训智能化自动化，也不需要很多的人工去做培训。甚至连客服都不需要，因为所有的投诉、意见反馈是在线处理，随着指南猫的体系完全自动化以后，人员会越来越少。发展过程需要很多人，发展成熟以后就不需要那么多人了。

七、给旅游创业者的建议

任静自主创业五次，有着很深的创业经验。对于给创业者的建议，任静认为有三点非常重要：第一就是学习能力，学习能力一定要很强，实时跟上整个公司的节奏，要带动整个公司的节奏。不断地去更新，这是一个基础。第二个就是毅力，能不能坚持下去，也非常重要。以前包括现在有很多聪明的有能力的创业者，他们非常聪明，曾经的过往也很辉煌，都是某某OTA出来的高管等，但是你会发现他们的项目很容易就很光鲜靓丽但是一年之后就陨落了，其实根本原因就是没有那个耐力坚持下去。创业其实非常非常苦，苦到没有第二个职业再比创业辛苦了，哪怕就是农民工也没有创业苦。不仅是创业者身体上生理上的折磨，更是精神上的折磨，所以在这个方面很多人是坚持不下去的。因为创业之后就面临着创业者的生活一直被打乱了，整个所有的东西所有的精力都要投入到创业中去，很多人一年的时间可以坚持，但是两年三年创业者就坚持不下去了。毅力很重要。第三就是创业者本身，那就是身体的健康。创业者本身如果健康不够的话，是没办法熬到最后，所以任静觉得这第三点十分重要。

对于创业时期，对合伙人以及员工的要求，任总建议：

1. 不肯掏钱的合伙人不能要

合伙人的问题最关键，合伙人从根本上决定了项目进展的顺利程度。有些人可能开始聊的时候很合拍，但他对于这个项目，对于跟你共事，投入程度到底有多大，是不容易看出来的。这其实要用比较物质的方式来体现，就是他有没有掏钱。如果他不肯掏钱一起做，仅仅是出力，建议这样的合伙人在早期最好不要。

任总的5次创业分别都碰到过这种情况，有的人想要技术入股、资源入股，等等。但如果他没有掏钱，没有痛过，那么在后面的过程中就很容易打退堂鼓，因为觉得对他没有什么影响。这种事情非常常见。即便经济压力非常大，也需要让他少出一些钱。

2. 斤斤计较的空降兵不能用

创业刚开始时可能只有几个人，当团队人数到几十个人以后，就需要管理者，刚开始一起打天下的人如果不具备管理能力，创始人就需要去外面挖空降兵。如果他在一开始谈条件的时候就斤斤计较，即便能力很强，建议这样的人不能用。因为在工作一段时间之后，很可能发生问题。

指南猫当时组建技术团队的时候，从携程挖过来一个核心技术人员。敲定之前，任总打了几十个电话，吃了十几次饭，他每次都在谈条件，谈他要什么。刚开始我很理解，但他到公司一周后，又开始不断加码，衍生出了各种问题，使团队其他成员受到了很大的负面影响。

3. 抱着帮忙心态的朋友不宜做合伙人

在刚开始创业时，我们会跟很多朋友聊，可能某个朋友对你的项目有兴趣，并且有能力或资源帮助你，就过来帮你一块做。但问题是，他一直抱的是“我是来帮你的”这种心态，当帮到一定程度，就会出现一种不平等关系，他觉得为你牺牲了很多精力，耗费了很多资源，但并未获得相应的回报。这种合作不仅不会长久，还会使曾经的朋友关系破裂。所以，如果他不是抱着来跟你一块打天下的心态，你们之间就不平等，建议这样的合伙人不要接受。

4. 要避免股权平均

很多公司刚开始时几个人一拍即合，就把股权平均分配，这会造成多言堂的局面。如果股权过于平均，在决策时就没有人能说了算。创业刚开始时大家可能没有太多分歧，但到后期出现的问题会越来越多，有可能演变成合伙人打架。

投资人在看项目时也很看重这一点，一定要有一个相对的大股东能够做最后的决定并为此承担责任，这样的股权结构才能保证当合伙人之间出现分歧时，团队不会有内耗。这就是一个和尚有水喝，三个和尚没水喝的道理。

5. 市场的广告投放，量小无用

市场的广告投放对小公司消耗非常大，我以前看过好几个项目都是同样的情况。初创公司拿到几百万融资后，先用一半去做推广，买关键词，投广电通等，但发现效果不大。原因是广告投放需要规模、集中和持续性，偶尔的尝试很难显现出效果。

所以，建议大家在早期拿钱不多的情况下，尽可能多用在运营上。也可以想一些零成本的推广方法，虽然想起来很美好做起来难，但必须这样去做。哪怕前期不做推广都可以，可能用户量、流量没有那么大，但不要把钱花在广告投放上面。

6. 谨慎选择商标申请代理

大多数创业公司都需要申请自己的商标,有些人在项目没开始时就注册好了商标,有些人启动一段时间后才开始注册。因为注册商标是需要一段时间的,如果确实看好自己的项目,建议尽早去做。

我们是在项目启动大概半年后,找了一个还算比较有名的商标申请代理机构,讨论商标申请的具体事宜。后来定稿,跟代理机构签协议以后,却发现已经有人提前把我们的商标申请了。其实这家商标申请代理机构跟抢注我们想注的商标的人是一伙的,后来他们就跟我们谈,或者打官司或者再追加投入把商标买回来。这是我们经历的坑。所以选择商标申请代理机构一定要谨慎。

7. 资本公积转增注册资本赋税问题

我的朋友曾经还有过这样的经历:公司拿到 1000 万,结果其中 400 万都拿去交税了,使得公司差点破产。原因是他们拿到了一笔投资,投资人投钱进来时产生了溢价。融到的钱开始是一部分进注册资本,一部分进资本公积,但因为某些原因公司需要提高注册资本(比如申请某些政策支持,要求公司注册资本超过一定数额),所以就会把资本公积的一部分转为注册资本。而这个过程中赋税就会增加,公司所有的股东都要缴非常高的个人所得税,因为通过接受投资,公司获得了溢价,资本公积转增注册资本的那部分,所有股东都要缴纳 20%的个人所得税,即便事实上个人并没有拿到任何现金。我们咨询过很多律师事务所、会计师事务所,这目前是中国税法的一个灰色地带。

8. 办公室恋情一定要避免

当时我们核心团队中有两个人恋爱了,我们当时觉得年轻团队这种事没什么关系。但他们在一起七八个月以后关系开始转差,吵架和闹情绪比较频繁,对周边的人影响很大。后来两个人分手了,分手后就很难继续一起工作,其中一个人辞职后,另一个又担心其他人对自己有看法,使得最后两个人都离开了公司。这就是为什么办公室恋情一定不能有,特别是在核心团队里。

9. 办公地点需要格调

在创业早期想招到优秀的人难度普遍较大,尤其是年轻人,对于单位是否离家近,交通是否方便非常看重,薪资是相对次要的。

对于合作伙伴来说,如果办公室地方偏僻,交通不便,环境简陋,他们对公司的实力就会打问号。所以在创业时低调、务实、节约只是一方面,另外还是要对公司进行适度包装,提高办公室的格调。这也有助于在谈判时提高公司的影响力。

10. 投资人的承诺不可全信

可能有个投资人刚开始跟你聊的时候,觉得团队和项目都很不错,就立马答应说肯定投，这时你可能觉得靠谱，人家这么讲应该没问题了。这期间当你再跟其他投资人接触的时候，可能就会想这边我已经谈好了，还要不要跟人家聊呢，或者我可不可以跟别人谈一个更高的价格呢。

在这个过程中你不是跟一个人在谈，而是跟很多人，有一个人说答应一定投你，你心里就比较有谱了，在议价能力和谈判的主动性方面都会发生变化。实际上投资人这时对你的承诺是非常脆弱的，极有可能只是想先把你 Hold 住，再拖你一段时间，等你扛不下去了好跟你谈价格。

我们第一轮融资的时候，当时有 4 家 VC 都给我们发了合作意向，当时我们就有点傲娇，觉得都 4 家了，不用再谈了，就把其他的拒绝掉了，开始在这 4 家里谈价格。刚开始谈价格时，一家比一家开价高，于是我们更得意了。结果当锁定一家，把其他的拒绝掉之后，那一家说我们还要再考虑考虑。所以最后要提醒的是，钱没到手一切都可能发生变化，哪怕已经签了协议。

11. 创始人的性格对公司的影响非常明显

任总表示："我原来创业和现在不太一样，因为我原来创业是这件事有钱赚，我想去赚点钱，抱着这样的想法去做的，不会像我现在做指南猫是为了解决问题去的，可能出发点会不太一样。对于大学生创业也是同一个问题，你到底是奔着挣钱去的还是为了某个需求去的。如果你是有非常强烈的意愿要去解决某一问题，那么你只要想到了你就要开始去做，不要等。但如果你是为了挣钱的话，那你就先不要创业，有很多种方法挣钱。你可以在大学空余的时间，寒假暑假去做一点生意也好，去其他公司做一点兼职也好，可以用这样的方式去做一些积淀。如果你没有这些工作积淀的话，你会发现你从大学学到的东西和社会实践的应用还是会有一些差距。如果是从来没有在社会上实习过实践过的毫无社会经验的人，他去创业失败的概率会高很多。当然如果说你是那种技术型的天才，或者你在营销方面是天才，你在某个方面具备了一定的能力，你没有工作经验也没有关系，你是为了要解决什么问题来的，你把这个问题给解决了，那么这个事也有可能做成，也有可能变成一个项目，那就要看是哪一个点了。关键是你是否具备这些能力，如果不具备，就必须积淀一些资历和实践。实际上以赚钱为目的去创业不是太好，不是很鼓励。为了要赚钱，去找个项目创业，那么这种创业大部分都会失败，所以建议大家做经验的积累，做自身资源的积累，因为比创业更能挣钱的事多了去了，创业实际是花钱的事，根本不是挣钱，只有做到最后才是挣钱。对于一个生活和工作阅历还尚浅的人来说，实际上是有很多东西是可以体验的，没必要走创业这条路，因为要创业就必须要走到头，如果你不走到头的话，你是根本挣不到钱的，那就不要创业。"

案例 12　自在客

一、企业介绍

(一)企业简介

自在客旅行网隶属于健云网络信息技术(上海)有限公司,是国内最大的全球民宿预订平台。自在客创始团队成员主要来自于 eBay 和安居客,公司 2011 年 4 月成立于上海,主要产品是民宿预订网站“自在客”和手机 APP“自在客”。旅行者可以通过电脑或移动端应用程序搜索民宿信息并完成在线预订。通过自在客,您可以选择中国台湾、日本、韩国、中国大陆等地区 10 000 多家风格迥异的民宿,作为您旅行的落脚点,并与这些世界各地的民宿主人分享交流,体验更纯正的当地文化,过一天他乡的生活。官方网站(www.zizaike.com)以及 LOGO 如图 3-57 和 3-58 所示。

图 3-57　自在客官方网站

图 3-58 自在客 LOGO

（二）企业宣传

旅行的方式有很多，但能够彻底改变一个人生活的很少；入住的体验亦有很多，但能够直达人心让人意犹未尽的并不常见，而自在客就是这样一家公司。它提出的“过一天他乡的生活”，更是牵动了无数在路上的旅客的心。

曾经，每一个人都期待能有一场说走就走的旅行；曾经，无数人都渴望着在世界的角落留下足迹；曾经，又有多少人期盼能够体验在他乡的生活。而现在，只要你轻轻地转身，与自在客相逢，旅行、体验、他乡的生活、美好的记忆……它都将一一馈赠与你。

在这些地理坐标分布在各个角落的民宿里，你可能会在原住民的石屋里听一段部落往事、在美食家的餐桌上来一场舌尖之旅、在阿嬷的花园里观赏一次久违的萤火之舞……你打开的任何一扇门后面都可能有一个完全不同的世界在等你！

不同于酒店的千篇一律，每一家民宿都有自己的特色。民宿主人多是长年生活在那里的当地人，熟识当地文化和风俗，是当地最好的“活攻略”。住民宿，主人会介绍当地最地道的景点、美食给客人，带客人去体验有趣好玩的活动，和远方的客人分享他们的生活，与来民宿的游客交朋友。

如今，已经有超过 30 万自由行用户通过自在客体验了各地的民宿。他们不仅获得了全新的旅行体验，也收获了他乡的友情……

二、创立源起及构想

（一）企业团队

张志杰（Jack Zhang）。自在客 Co-Founder 及 CEO，eBay 早期员工，为 eBay 从 200 多人的小公司快速发展为 16 000 人规模的全球最大电子商务和在线支付企业作出了努力。加入美国 eBay 后，从事网站运维技术和管理工作。2004 年回到上海曾领导 eBay 全球网站中国运维团队并担任总经理。经过 7 年中美团队的共同努力，成功把 eBay 中国运维团队打造成为一个世界级的网站运维团队，优化了 eBay 全球网站运维的模式。同济大学科技德语学士，美国加州州立大学（San Jose State University）计算机硕士。见图 3-59。

图 3-59　企业创始人　张志杰（左），蔡晓华（右）

蔡晓华（Tony Cai）。自在客 Co-Founder 及 COO，国内知名房产信息平台安居客的初创团队重要成员之一。为安居客从不足 10 人的规模发展到 1600 多人的国内知名房产信息平台作出了努力。2007 年 1 月加入安居客，先后负责研发、数据、运维等重要技术管理岗位，参与多项重大技术决策。专注互联网技术创新与企业发展的密切结合。在任职安居客之前，先后加入过多个创业团队，有电商交易平台、女性社区和动漫新媒体等行业领域。曾就读于华东师范大学计算机系。见图 3-59。

（二）创业源起

在创立自在客之前，张总有着 12 年的电子商务经验。2011 年的时候，他忽然很想尝试新的领域。在摸索了一段时间后，决定做旅游。自在客创立初期定位于旅行规划工具，获得新浪前总裁许良杰等天使投资人的青睐。但经历天使 A 轮融资后，仍苦于找不到合适的赢利模式，张总与团队陷入了迷茫。于是张总与蔡晓华用 3 个月的时间走访了 40~50 个客户，做了一定的市场分析。经过大量的用户访谈后，张总和自在客团队认识到人们对旅行的核心诉求是“过一天他乡的生活”。“当时我们花了三个月的时间寻找合适的转型市场”，张总表示，团队约访了众多旅游达人，想找出一些适合创业的旅游“诉求”。最后，自在客团队将这些“诉求”总结为一句话，“过一天他乡的生活”，这也成了自在客沿用至今的口号。

张总讲述了这样一个小故事，“有一次，我在台湾住了一家民宿，因为我要赶路吃不上早饭了，为了让我吃饱上路，民宿主人特地早起为我煮了一碗面条，并和我聊了一些当地的生活状态。我个人很喜欢这种感觉，想着如果可以把这样的特色体验提供给自由行游客，应该不错。回来后和团队商量，大家觉得这种民宿服务可以满足用户的旅行需求，便开始决定做台湾民宿预订平台。”

自在客为旅行者解决两个问题，一个是帮大陆台湾自由行的人选择一个好民宿，第二个是解决支付问题，因为大陆的人用支付宝、银联，但是台湾民宿主人喜欢收银行转账或者现金。

三、发展大事记

2011 年，张志杰和蔡晓华创立自在客。

2012 年 12 月，自在客台湾民宿网站正式上线运营。

2013 年初，自在客 APP 上线。

2013 年，自在客台湾团队成立。

2014 年，筹备日本、中国大陆民宿市场。

2015 年，完成 A 轮融资。

2015 年，日本、中国大陆、韩国民宿业务上线。

四、商业模式

（一）自在客提供的服务

自在客是一家让用户和民宿主人联通的网站。旅游平台有很多，但真正能够让用户和商家直接对接的网站却并不多，而自在客却做到了。通过自在客的手机客户端，用户可以直接给台湾民宿主人免费发私信，及时了解民宿房间和附近景点情况。不仅如此，自在客更是为用户提供了 7×24 小时畅通的网站服务、7×12 小时的客服服务，并且会帮助用户审核民宿信息是否准确。

服务其实更像是资源的增值。旅游是低频性的，但是如果用户接受到了好服务，那么辐射的可能是周围的很多人，而且在这个低价横行的时代，服务好的更能够打破怪圈留住用户。

而服务也表现在两个层面，一个是平台能给到的服务，比如客服、反馈通道等，而另一方面就是房东。自在客是强调人的元素的，而房东的人情味会通过早餐和故事两个板块“外显”出来。

对旅行者：

在自在客，每一家民宿都通过了实地探访和验证：

(1)有专业的旅行规划师为您提供行程规划。

(2)在10 000多家民宿中挑选您中意的民宿。

(3)与各个目的地的民宿主人进行即时沟通。

(4)7×12小时客户服务。

(5)查看到所有房客对民宿真实有效的评价。

(6)快捷安全地支付任意一间您满意的房间。

对民宿业者:

(1)自在客为民宿提供了免费的分享推广平台,民宿主人不用支付任何费用就可以轻松发布民宿信息。

(2)线上运营,不定期邀请民宿参加营销推广活动。

(3)线下商务团队为民宿提供专业的落地服务,协助民宿熟悉网络预订平台操作。

(4)组织跨地区之间民宿业者的交流,提升民宿业者的经营能力。

(二)自在客的发展

自在客从2013年开始做台湾民宿至今。单单2014年业绩就比2013年翻了10倍,目前的定位是台湾民宿这一块要做到全球第二,国内第一名,比携程还要强。经过短短3年的发展,自在客已经成为台湾民宿最大的预订平台,并且覆盖日本、韩国和中国大陆等新目的地。

据统计,截至2015年底,自在客的房源已覆盖全球110多个城市、4个国家和地区,拥有13 000多家风格各异的民宿、超过50 000个舒适整洁的房间,并拥有100 000条入住后的真实点评。已有超过40万用户通过自在客成功预订并入住台湾民宿,市场占有率为12%。

自在客和台湾当地的6000多家民宿主建立联系,并洽谈了具体的合作。他们服务的客户主要是自由行散客,大多数都是年轻人,他们的最大特点就是自己做行程规划,希望尝试不同的特色体验,而这些民宿都可以满足他们。"

台湾民宿的优势有三点:第一,离景区近,游客可以很便捷地去游览景点,因此颇受大家喜欢;第二,大多数民宿主人都有自己的主业,同时宿主们只是把这个当作副业,所以在价格方面更有优势;第三,民宿资源丰富,因为是自己的房子,游客可以获得真实的当地人生活体验。

除了以上这些资源,自在客还有100 000多条用户的分享体验,这些都能为想要体验台湾民宿的游客提供参考。特别是自2013年自在客手机版上线以后,下载量已经突破40万次。

下面是两篇分别来自网易新闻、陆家嘴新闻网的新闻节选。

(1)凭借先发优势,自在客首先迅速拿下台湾市场,覆盖全台6000多家民宿,是迄今与台湾民宿直签率最高的平台。直签使用户在出行前可以直接与民宿主人进行沟通,在入住前充分了解房间配套设施和交通方式等信息,有效提升了用户的安全感和黏性。截至2015年底,已有超过30万用户通过自在客成功预订并入住台湾民宿,市场占有率为12%。

对于在大陆做民宿是否有相关政策支持的问题,张总指出,很多时候创新和创业的机会存在于政策的灰色地带,创新产业自下而上促使相关政策生成和规范化。2015年11月19日,国务院发布《国务院办公厅关于加快发展生活性服务业促进消费结构升级的指导意见》(国办发〔2015〕85号),首次点名"积极发展客栈民宿、短租公寓、长租公寓等细分业态",将其定性为生活性服务业,将在多维度给予政策支持。

正是由于在民宿这个细分市场的坚持不懈,截至目前自在客的房源已覆盖全球110多个城市、4个国家和地区,拥有13 000多家风格各异的民宿,超过70 000个舒适整洁的房间,并拥有100 000条入住后的真实点评。

(2)去年6月份,我们一开始解决汇款支付问题,牵扯到从大陆收钱。我们预付,之后留下佣金,最后把资金打给台湾民宿。一开始交易量比较小,在台湾找到了一个合作伙伴。

银行通过台湾汇款,每天5万以下没有大的问题。一开始一个星期5万,慢慢到每天5万,去年6月份,银行和外管局突然说不能汇了。他们怀疑我们在洗钱。每天都是固定5万,是很可疑的事情。我们不知道也不懂,如果了解的话,每天交易量不一样就好了。之后我通过银行了解到这些,就把所有的账给他们看,两边交易都给他们看还是没用。

外管局说到税务局拿备案,证明了就可以放行,我们到税务局找了很多人,打了很多电话,他们最后还是说不能做,这个事情只有旅行社可以做,这是境外房费转收代付,旅行社是团游时代的产物。以前国人出去比较少,大家跟团游,所以旅行社吃住行全部包了,现在时代变了,有许多自由行爱好者,我们找到一个切入点,做境外民宿的预订。

旅行社是全能冠军,什么都做,所以他们有资质,国家给他们支持,所以他们转收代付是不收税的,但是作为小微企业,我们不要做全能冠军,要做单项冠军。只有在一点上突破,做到最好才有机会活下来,如果这一点上做不好就没戏了。为了突破单项冠军,作为一个细分市场的企业,我们需要一个税收政策,除了佣金以外,跨境房费转收代付也不要征税。

外管局给我们这一刀，我们差点儿就完了。幸亏我们之前与台湾民宿建立了信誉。民宿同意给我们两个月时间。我们找到很多政府部门，但是都不管用，我后来找到阿里巴巴，阿里巴巴做了很多工作，海外支付，我们通过阿里把钱直接通过个人过汇转过去。

平台研究院是自在客和政府之间的桥梁

尽管政策还没有跟上，但是我们相信这个会改变。所以我们找张江管委会申诉，通过管委会找到陈院长，陈院长组织了调研小组来调查我们企业的真实情况，他写了一个报告给区政府，区政府看了这个情况以后，区长特批说自在客是属于创新企业，我们要支持他们，因为他们已经走在旅游行业的前端，所以特批让我们可以重新以比较低的费率把资金打出去，支付宝尽管产品非常好，但是费用是非常高的。

我相信我们是张江第一个，浦东第一个，有可能在全国也是第一个拿到资质的企业，所以我特别感谢陈院长给我们小微企业的帮助，从这个角度希望未来国家看到很多小微企业在创新当中遇到的问题，倾听我们，帮助我们解决企业中的问题，让我们真正把企业做强、做大，跟世界同等的企业竞争，争取把服务做得更好，为中国人做更好的服务。

自在客和政府之间，平台研究院起到了非常重要的作用。没有平台研究院，我们今天还是以昂贵的代价在海外做支付。我们通过自在客的平台看到很多的机会，除了民宿预订，还有民宿的培训、设计、招聘、众筹。中国各地的民宿都在兴起，我们非常看好这个领域，也希望在这里面做个领头羊，这是自在客的愿景，实现民宿的梦想。

（三）营利点

自在客想要的模式是精准营销平台。左边是广大用户，右边是广大供应商，通过这个平台用户可以找到想要的出境旅游特惠产品，供应商可以找到各个层次中的各种旅游者，而旅行者可以找到非常好的旅游信息。完善并运营好创新产品，打造出境自助游营销平台，建立出境游行业合作，完善人才结构，对接风险资本，实现规模赢利。

自在客通过将自在客系统和第三方机票、酒店或景区门票供应商进行合作，让用户在做旅行计划的过程中产生订单来获取佣金，同时，自在客为客户规划路线，预约民宿住房、交通等。还提供自在客 APP，通过“民宿”这种少有的旅行主题吸引客户。

自在客从自助游者的需求出发，通过分析他们在制订旅行计划过程中的种种麻烦和痛点发现，制订一次旅行计划的过程中信息是非常发散的，比如：景点、美食等信息是要看旅游网站;机票和酒店的信息可能在短信和邮件里,而攻略则需通过搜索才能获得,等等。于是他们有了把信息整合在一起,为用户制订一份个性化又比较完整的旅行计划的想法。同时用户也可以随时按自己的需求进行调整。

通过专业技术支持和品质服务,自在客受到了用户的认可和青睐。不仅如此,他们还得到了很多用户分享,通过用户的反馈,自在客团队在提升内修的同时也不断开发新资源,希望能够为用户带来更多的民宿体验和优惠。

最值得一提的是,与自在客合作的民宿主,大多都有自己的工作,民宿提供都是大家的副业,因此在价格方面有很大的优势。而且这些民宿大都离旅游景点很近,能让旅行者与风景有更充足的接触。另外,与当地人交流是了解目的地最好也是最快捷的方式,而"过一天他乡的生活"可能也是旅行最本质的意义。

五、面临的问题

其实,在"食住行游购娱"这旅游6要素中,以"住"为切入点延伸至其他旅游场景的模式,如今已渐渐被Airbnb等短租平台所重视,这一领域的玩家们也在不断做出探索与尝试。

在台湾民宿市场不乏强有力的竞争对手。例如环球旅讯曾报道过的大鱼、台湾岛旅游网等。前者同样是以住宿为切入点进行自由行产品的延伸,而后者则主打赴台自由行。然而,2014年,自在客在自身不断发展并吸收了台湾当地民宿创业团队后,占据台湾民宿市场份额第一的位置。如今,自在客已经在日本东京、美国硅谷和中国香港成立了分公司,寻求更多海外市场的布局。

下面是一篇来自2015年E网赢关于自在客"如何在高压下破局"的新闻节选。

2015年,伴随着共享经济与Airbnb的兴起,国内的途家、小猪短租、住百家等短租平台也开始快速发展,自在客所面临的竞争压力骤增。

据自在客所提供的资料显示,自在客目前在中国台湾拥有6000余家房源,主要是民宿、特色旅店,总共30 000多间可订房间;在日本有1500多家房源;在韩国已开发数百家民宿,主要分布在首尔和济州岛;中国大陆的民宿房源主要分布在浙江和广东,主打景区和乡村民宿。

据环球旅讯粗略统计,住百家在台湾地区房源地只有台北,大致有150条房源信息;而小猪短租房源地虽较为丰富,但总体房源信息约数十条;途家方面有数百条房源信息,这其中民宿的数量则更少。当然,就总体房源数量来看,自在客与这些竞争对手远不在一个量级上,但在台湾市场的民宿领域则比对手挖得更深。

张总表示，如今，自在客希望扩展海外市场，在非标准住宿各个细分领域界线逐渐模糊的趋势下。也将涉及民宿之外的短租领域。这种扩张势必与竞争对手造成更多的业务交叉与竞争，那么体量较小的自在客将如何应对呢？

其实自在客所专注的民宿，通常分布在景区、乡村附近，与短租平台主打的城市租赁存在差异性，在自在客看来，民宿也能更好地接入目的地旅游、周边游等场景。张总也表示，国内的短租平台有的只做国内市场，有的只注重海外市场，而看似兼顾内外的途家走的是公寓短租为主的路线。综合来看，依然专注民宿领域的自在客竞争压力并不大。

据了解，目前自在客的采购模式基本为自主直签，赢利模式仍以佣金为主，这在未来的发展计划中也将得到补充。例如自在客将计划开放自助登记平台，但有关如何确保房源可靠性的解决方案仍在探讨中；自在客也将围绕民宿展开周边游、目的地旅游的产品对接，丰富赢利点，提升平台的竞争力。

另外，获得融资后，自在客在开拓日本、韩国以及中国大陆市场的同时，将继续深耕台湾市场，建立线下客服中心，以技术提升用户体验，还需要开发多语言版本APP，方便境外民宿主人使用自在客平台。同时，自在客也已启动B轮融资。

六、未来规划与风险

谈及在大陆的发展，张总表示，2015年以来，自在客团队通过走访和座谈，倾听大量用户和民宿主人的心声后发现，与台湾不同，大陆民宿主人目前的短板是人情味儿不足。对此，张总敏锐地意识到，大陆市场民宿主人的培训需求日益趋增，这些需求包括怎样成为一位民宿主人、怎样做好一家民宿、怎样提升客人的满意度、怎样进行市场营销、怎样与在线代理商合作等。“2016年自在客除了进一步开发更多民宿资源、进一步提升用户满意度外，还将把民宿主人培训列为重要板块。基于分享经济的理念，自在客愿意为大陆民宿主人和台湾民宿主人牵线搭桥，给大陆民宿主人一个学习台湾民宿产业运营的机会和平台，并将尽自己的力量把这个平台做大做强。”张总如是说。

在今后的几年里，自在客计划大量开发各地特色民宿提供给广大的自由行旅行者，让人人可以过一天他乡的生活，做一个真正的自在客。最终他们希望在不久将来自在客会成为中国出境自助游的主要入口。

2015年11月24日，自在客宣布完成数千万人民币A轮融资。投资方为中广文影。值得一提的是，本次自在客A轮融资的投资方中广文影拥有中国广电产业背景，也获得了国家新闻出版广电总局和中央主管部委的支持，拥有丰富的广电媒体、文化版权资源。但其投资案例大多发生在文化出版与电影产业上,而此次与旅游民宿领域该如何结合?

在中广文影看来,自在客是一个有温度的品牌,其团队来源于知名的互联网公司,发展前景较好。事实上,由于自在客创业以来业绩增长迅速,中广文影方面表示其有望成为与 Airbnb 齐名的分享经济平台。

张总表示,中广文影强大的广电、媒体资源可以很好地将自在客主打的民宿旅游文化在消费者群体中宣传推广,提升自在客的品牌知名度。具体来讲,后期可以结合电视台、电影、书刊等方式,以不同形式的推广渠道展现。他也认为,中广文影带来的丰富资源,给了自在客在品牌曝光度上更多的可能。

不过,这一切仅停留在前期构想上,本轮融资后自在客能得到怎样切实的发展,对于民宿市场的展望与合作该如何从资本故事中变现,我们拭目以待。

幸运的是,自在客从成立以来就一直有天使投资人的支持。张总说:“我不要求自在客发展得有多快,只希望它能在稳而精的情况下,为用户提供最好的服务和体验。”目前自在客的核心团队主要来自 eBay 和安居客,丰富的国内经验和国外经验,使得这支团队搭配得非常完美。

作为境外旅游的提供商,自在客在经营的过程中也遇到过困难,比如不同的习俗、不同的社会体系造成的不同观念,难免在交流中会产生问题,因此化解这些差异是自在客一直努力做的事。另外,由于民宿相对没有标准化,因此自在客希望为用户提供更精准产品的同时也希望将民宿预订做得更加完善。

台湾民宿的特色和服务享誉全球,如今,成千上万的旅行者已经通过自在客体验了地道民宿,他们不仅获得了全新的旅行体验,也收获了他乡的友情。在未来,张总和他的自在客团队希望能够帮助更多自由行游客去体验更多目的地的民宿,让人人都能“过一天他乡的生活”!

七、创业者启示摘录

在线旅游计划个性化定制非常复杂,整个自助游过程涉及“食住行游购娱”。要做出一个有推荐引擎的智能系统,还包括大量旅行元素的收集及整合,社区的建立等,挑战非常多。因此,张总表示,在做此类创业的时候,准备需要非常充分。中国自助游市场发展空间巨大,个性化需求也越来越高涨。作为旅游行业新兴的创业公司,自在客团队更擅长信息流的整合。虽然曾经有人劝告过张总,认为他的想法不会成功,但是张总想要坚持自己的想法,他愿意在这个领域做一些突破性的工作,给自助游者(或潜在的自助游者)提供一个让旅行更简单和快乐的服务。

张总在2015年接受采访时表示，想要在浩大的旅游网页脱颖而出就必须打造自己的特色，自在客的特色便是要打造最有人情味儿的民宿旅游。做好民宿需要与在地的美食、农业、文化、艺术、旅游、创意和环境等因素相结合，努力呈现出美好的“在地生活状态”，坚持做好民宿自身特色，创造出新的价值；追求眼前短期的业绩和利益，不适合民宿旅游的长远发展。

后 记

2015年,整个在线旅游行业经历的风云变幻超出了之前数年的总和。百度与携程合作,阿里拥有阿里旅行、去啊和穷游,腾讯也投资了同程和艺龙,海航宣布入主途牛,万达领投同程……行业格局发生巨变。在这些巨鳄的夹击下,如何冲出重围?对创业者而言,不管项目的想象空间多大,选准方向、单点突破才最重要。

根据国家旅游局发布的报告,2015年国民参与旅游的人数首次突破了40亿人次,其中近1.2亿人次是出境旅游,再创历史新高。随着签证政策放宽、航班航线增加、消费环境改善及人民币升值等,中国人的出境游热情和消费能力也将随着家庭收入的增长而增强,这个细分市场就是一个拥有万亿潜力的市场,而目前有60%的出境游客选择出国自助游,未来这个数字还将进一步增长。

因为篇幅有限,本书只收录了中关村智慧旅游创新协会(中国旅游创业家协会)小部分成员的优秀境外旅游创业者案例,包括海玩、喊你玩、蜜游网、泡泡海、有米、指南猫等共12家企业,涉及海岛游、美食游、民宿游、定制旅游等主题旅游,境外租车、P2P服务及智慧旅游落地实践等不同的企业类型。书中翔实描述了一个个新的境外游在线旅游企业的创业源起、罗列了企业发展过程中的大事记、探讨企业的商业模式及发展中面临的问题,最后还附上创业者启示摘录及企业创始人给旅游创业者的建议。

随着企业到达一定的平台,你很快就会发现一个事实,那就是创业这个事情永远都不会真正完成。这是一个不断否定自我、颠覆自我、重筑自我的过程,是一个持续的、永无止境的过程。

最后,借用狄更斯的话:“这是最好的时代,也是最坏的时代;这是智慧的年代,也是愚蠢的年代;这是信仰的时期,也是怀疑的时期;这是光明的季节,也是黑暗的季节;这是希望的春天,也是失望的冬天。”旧的渠道、旧的模式衰退下去,而新的平台、新的思维不断涌现,期待这12家创业企业能够在创业的路上越走越好,也期待本书能为创业者带来一些启迪与思考。

罗婉丽

2016年8月

参考文献

[1]许爱心. 影响中国游客出境游消费决策因素的实证研究——以泰国市场为例[D]. 杭州:浙江工商大学,2016: 17-18.

[2]邓爱民. 中国出境旅游需求决定因素的实证研究[J]. 宏观经济研究,2011,12: 79-83.

[3]马波,寇敏. 中国出境旅游发展及其影响的初步研究[J]. 旅游学刊,2006,7(21): 24-28.

[4]戴斌,蒋依依,杨丽琼等. 中国出境旅游发展的阶段特征与政策选择[J]. 旅游学刊,2013,1(28): 39-45.

[5]李丽. 中国出境旅游市场发展态势及需求影响因素研究[D]. 广西大学,2015:30-31.

[6]李克强. 让旅游成为世界和平发展之舟——在首届世界旅游发展大会开幕式上的致辞[EB/OL]. http://www.cnta.gov.cn/xxfb/jdxwnew2/201605/t20160520_771462.shtml.

[7]中国旅游研究院. 中国出境旅游现状、趋势及中美旅游合作展望[EB/OL]. https://mp.weixin.qq.com/s? _biz=MzA4ODM4OTgxOA==&mid=401902334&idx=1&sn=5cdd2b542c097ab4ead86e8f076a9d90&scene=1&srcid=0302QBSyuCPm4j91A1mkyISf&pass_ticket=Ef4MISoYimPccSOlLrhVILSNBeTy5VYyN%2BwWXWLjuupPoh9%2BPu6l5%2BdmD2p0SnfA#rd.

[8]中国互联网络信息中心. 第37次中国互联网络发展状况统计报告[EB/OL]. 2016.1:61-62. http://cnnic.cn/gywm/xwzx/rdxw/2015/201601/W020160122639198410766.pdf.

[9]沈洁. 定制旅游服务模式项目设计与实践[D]. 昆明:云南大学,2015: 1-2.

[10]刘春济,冯学钢. 我国出境游客旅行前的信息搜索行为意向研究:基于TAM、TPB与DTPB模型[J]. 旅游科学,2013,2(27): 59-72,94.

[11]朱静妍. 旅游网站用户在线预订行为研究[D]. 上海:华东师范大学,2014.

附录 A　四川旅游学院

四川旅游学院是四川省人民政府主办的全日制普通本科高校。学校坚持“应用型、特色化、开放式”的办学理念，不断深化教育教学改革，提高教育教学质量，传承中国优秀旅游文化，服务现代旅游业发展，培养适应社会经济发展和旅游业需要的技术技能型人才。

学校主校区位于四川省成都市龙泉驿区红岭路 459 号，占地面积 700 多亩。校园环境优美，已建成国家 AAA 级旅游景区——休闲美食文化园，将校园和旅游景区完美融为一体，为学生提供优良的学习生活环境。

学校设有烹饪学院、食品学院、酒店管理学院、运动与休闲学院、旅游系、信息与工程系、艺术系、外语系、工商系、城市学院、继续教育学院等 11 个教学院系。

学校开设有烹饪与营养教育、食品科学与工程、食品质量与安全、酒店管理、人力资源管理、休闲体育、旅游管理、会展经济与管理、信息管理与信息系统、数字媒体技术、建筑电气与智能化、环境设计、风景园林、商务英语、日语、会计学、物流工程等 17 个本科专业，同时开办有中西烹饪等多个专科专业。形成了以管理学、工学为主，兼顾文学、教育学、艺术学、经济学、理学等多学科交叉支撑与协调发展的总体布局，构建了“大旅游”学科专业群体系。现有普通本专科在校生 8000 余人。

学校建有川菜产业化和国际化协同创新中心、川藏旅游产业竞争力提升协同创新中心、国家职业技能鉴定所、高等教育研究所、西部旅游发展研究中心、川菜发展研究中心、欧美饮食文化研究中心、休闲农业与乡村旅游研究设计中心等多个研究机构,教学能力和研究能力受到社会的广泛好评。

学校现有教授48人,副教授159人。教师中享受国务院政府特殊津贴专家1人,国家级百千万人才工程专家1人,国家级有突出贡献中青年专家1人,四川省千人计划特聘专家1人,四川省学术与技术带头人4人、四川省学术与技术带头人后备人选6人,四川省有突出贡献专家7人,教育部行指委教学指导委员会专家4人,省级教学名师4人。有一大批在行业上有影响的专家和学者。学校师资队伍结构合理、素质优良,教学、科研和管理均具有较高水平。

学校有国家级优秀教学团队1个,省级优秀教学团队4个。建成国家级精品课程2门,省级精品课程10门,省级教改项目17个,2个省级实习实训基地,1个省级实验教学示范中心——食品加工与检测实验教学中心。学校教学设施完备,教学实验实训资源充足。图书馆藏书近百万册,开通了“EBSCO全文期刊数据库”“大不列颠百科全书网络版”“超星数字图书馆”“CNKI知网”等现代信息资源网;有标准田径运动场、攀岩运动场、休闲运动综合训练馆、篮球场、排球场、高尔夫球练习场、沙滩排球场、网球场、羽毛球场、游泳馆等休闲运动体育设施;有烹饪与食品实验管理中心、智慧旅游技术应用创新实验教学中心、酒店工程实验中心、数字媒体实验中心、教学实习酒店——龙庭大酒店、会展实训楼、ERP实验室、川菜国际化网络培训平台、学生英语自主学习中心等实验实训场所。

学校长期坚持走应用技术型大学的道路,在国内外建有100多家稳定的实习就业基地,主要分布在渤海湾、京津唐、长三角、珠三角、海南省等沿海发达地区,毕业生集中供职于高星级酒店和旅游行业,毕业生供不应求。

学校长期坚持国际化办学,与法国、韩国、美国、日本、泰国、新加坡等国家的教育机构和企业保持了长期的合作关系,每年均有师生赴世界各国进行学历培训、学术交流和文化交流。有超过10%的学生在海外实习和就业。

经过30多年的建设与发展,学校在人才培养、科学研究、社会服务和文化传承等方面取得了显著成就。学校将凝聚全校智慧和力量,秉持“应用型、特色化、开放式”的办学理念,实施差异化战略、精品化战略、协同化战略和国际化战略,重点培养服务区域经济社会发展所需要的应用型、技术技能型人才,把学校建设成为特色鲜明、国内一流的应用型旅游本科名校,为国家经济建设和社会发展做出卓越贡献。

学院网址:www.sctu.edu.cn
学院官方微信:

附录 B 四川旅游学院
智慧旅游技术应用创新研究中心

四川旅游学院信息与工程系围绕学院两个 2011 协同创新中心——“川菜产业化和国际化协同创新中心”“川藏旅游产业竞争力提升协同创新中心”建设主体内容，“立智慧旅游之身，行信息工程之道”，集聚和培养一批智慧旅游、智慧酒店领域创新拔尖人才，于 2016 年成立“智慧旅游技术应用创新研究中心”，并成功申报四川省省级“智慧旅游技术应用创新研究团队”。

“智慧旅游技术应用创新研究中心”充分利用学院“2011 协同创新”平台优势，按照政府支持、院校合作、专家领衔、平台开放等原则，跟踪国内智慧旅游研究和应用的最新成果，研究现代计算机技术、物联网技术、云计算技术、酒店工程技术、大数据处理分析技术在旅游、酒店、餐饮行业中的应用与创新，研究智慧旅游，引领智慧旅游应用技术创新应用浪潮。

旅游业是极具发展前景的朝阳产业和国家战略性支柱产业，已经成为新的投资热点，受到政府和社会的关注，而且，旅游已经成为大众创业、万众创新最为活跃的领域之一，并呈现出多类型、多层次、多主体、多业态的特点。四川旅游学院“智慧旅游技术应用创新研究中心”紧密结合国家实施扩大内需、大力发展跨行政区的重点旅游区域战略和构建综合性旅游大产业的迫切需要，产教融合，与行业企业深度合作，开展旅游行业新技术创新应用的科学研究，同时开展旅游规划、产业合作、人才培养等社会服务项目。

附录 C　旅游创业创新研究院

一、目的

2016 年是中国旅游产业发展的重要一年，李克强总理在首届世界旅游发展大会上指出，旅游业是“大众创业，万众创新的大舞台”，各地政府也加快产业布局与政策落地，全国上下掀起一股创业创新热潮。正值此时，由中关村智慧旅游创新协会发起，特邀行业顶级学术专家及产业领军人物为核心组建“旅游创业创新研究院”，为旅游行业创业创新提供理论支持与实战分享，为营造创业创新环境，提供创业创新建议及服务，助推旅游产业健康有序发展为重要使命。

二、名称

中文：旅游创业创新研究院

英文：Academy of Tourism Entrepreneurship and Innovation（缩写为 ATEI）

三、宗旨

助力旅游企业创新　推动旅游产业升级

四、任务

1.统筹及出版《中国旅游创业创新智库丛书》；

2.发布旅游创业创新相关指数、报告等；

3.组织学术会议及征文大赛等；

4.旅游人才职业化培训研究。

五、组织架构

首 席 顾 问：魏小安

学 术 院 长：厉新建

执 行 院 长:张德欣
副　院　长:易开刚　赵新良
研究中心主任:钟栎娜　李　彬
院　　　办:苗利娟　贾　轲

六、专家顾问团

学术专家:

张凌云　张　辉　谷慧敏　易开刚　秦　宇
江金波　张玉钧　王　凯　白　凯　郭英之
李　想　信宏业　吴忠宏　李　原　张朝枝
周玲强　曾博伟　卢政营　郑向敏　徐　虹
张河清　薛兵旺　沈建龙　周春林　陈安国

产业专家:

罗　军　洪清华　于敦德　曾　松　叶一剑
郑敏庆　陈云岗　张晓军　黄栋庆　刘汉奇
荀　亮　朱万峰

投资专家:

蒋　涛　陈　亮　袁润兵　钱建农

特邀研究员:

孙　憬　温　婧

七、专家简介

职务	姓名	说明
首席顾问	魏小安	著名旅游经济和管理专家,世界旅游城市联合会专家委员会主任
学术院长	厉新建	北京第二外国语学院旅游管理学院院长、教授,中国旅游改革发展咨询委员会副秘书长
执行院长	张德欣	中关村智慧旅游创新协会会长,《中国旅游创业创新智库丛书》总主编
副院长	易开刚	浙江工商大学旅游与城市管理学院院长、教授、博导
	赵新良	中关村科技园区海淀园创业服务中心主任/2015 年中关村高聚工程创新创业服务业领军人才

续表

职务	姓名	说明
研究中心主任	钟栎娜	旅游大数据研究中心主任，北二外旅游管理学院旅游电子商务与营销系系主任
	李　彬	大住宿业研究中心主任，北二外酒店管理学院酒店管理系系主任
院办	苗利娟	主任，中关村智慧旅游创新协会秘书长
	贾　轲	副主任，中关村智慧旅游创新协会副秘书长
学术专家	张凌云	北京第二外国语学院旅游发展研究中心主任、教授、博导，《旅游学刊》执行主编
	张　辉	北京交通大学经管学院教授、博导
	谷慧敏	北京第二外国语学院酒店管理学院院长、教授
	张玉钧	北京林业大学园林学院教授、博导
	徐　虹	南开大学旅游与服务学院副院长、教授、博导
	秦　宇	北京第二外国语学院酒店管理学院教授
	张朝枝	中山大学旅游学院副院长、教授、博导
	周玲强	浙江大学旅游管理系教授、博导
	郭英之	复旦大学旅游学系教授、博导
	白　凯	陕西师范大学旅游与环境学院教授、博导
	王　凯	湖南师范大学旅游学院教授
	郑向敏	华侨大学旅游安全研究院院长、教授、博导
	李　原	四川大学旅游学院教授
	张河清	广州大学（中法）旅游学院院长、教授
	吴忠宏	台湾台中教育大学教授
	李　想	美国天普大学旅游与酒店管理学院教授
	信宏业	北京理工大学/北京邮电大学教授，高级工程师
	江金波	华南理工大学经济与贸易学院/旅游与酒店管理学院教授、博导，广东省高校旅游管理类专业教学指导委员会副主任
	薛兵旺	武汉商学院旅游学院教授，湖北省高等院校本科旅游管理类专业教学指导委员会副主任兼秘书长

续表

职务	姓名	说明
学术专家	沈建龙	浙江旅游职业学院教授
	周春林	南京旅游职业学院院长、教授
	曾博伟	北京联合大学中国旅游经济与政策研究中心主任
	卢政营	天津财经大学旅游研究与规划中心主任/天津市旅游协会教育分会秘书长
	陈安国	国家行政学院/清华大学教授、博导
产业专家	罗　军	途家网联合创始人兼 CEO
	洪清华	景域集团董事长/驴妈妈旅游网创始人
	于敦德	途牛网创始人 &CEO
	曾　松	百程旅行网创始人 &CEO
	叶一剑	方塘智库创始人
	张晓军	唐人智库创始人
	黄栋庆	华宿荟创始人
	郑敏庆	台湾亚太青年创意休闲产业智库执行长
	陈云岗	香港城市经营研究院院长
	刘汉奇	中国旅游车船协会秘书长
	荀　亮	中国智慧酒店联盟秘书长
	朱万峰	北京九鼎辉煌旅游发展研究院院长
投资专家	袁润兵	清科创投董事总经理
	蒋　涛	戈壁创投合伙人
	陈　亮	泰山天使/泰山兄弟创始合伙人
	钱建农	复星旅游及商业集团总裁
特邀研究员	孙　憬	旅创协副会长，狄普旅游电商创始人
	温　婧	旅创协副会长，带书旅行创始人

注：排名不分先后

附录 D　中关村智慧旅游创新协会

2016 年 1 月 15 日，中关村智慧旅游创新协会在京成立。来自百度、阿里、腾讯、IBM、神州数码、携程、去哪儿、途牛、同程、穷游、蚂蜂窝、凯撒、众信、国旅、平安集团、滴滴出行等 50 余家互联网公司及旅游相关企业参会。

中关村智慧旅游创新协会是以“旅游创业创新”为核心，涉及跨界旅游及科技领域，经民政部门正式注册的全国性社会团体。协会由知名互联网旅游企业及旅游相关的社会团体、企业共同发起，协会遵守宪法、法律、法规和国家政策，遵守社会道德风尚，以“中国旅游互联网产业技术创新发展与服务”为导向，构建“政府引导、科技支撑、企业参与、合作共赢”的旅游互联网产业技术创新环境，通过“资源对接、行业聚合、创新实践、服务社会”持续提升旅游互联网创新能力，积极推进旅游互联网创新成果推广和学术交流，促进中国旅游业创业创新建设。

协会致力于做政府与企业沟通的桥梁、做企业与企业沟通的纽带、做提升企业成长的平台。

一、承接政府职能转移，承接政府交付的任务，积极申请政府公共服务；

二、协助政府进行旅游行业评级系统与旅游行业标准制定；

三、建立行业自律机制，规范行业秩序，促进行业发展；

四、协助政府进行旅游行业基金建设；

五、及时向会员传达政府的政策、法规等行业相关信息；

六、作为行业代表，维护会员正当权益，向政府反映企业和行业要求，代表行业企业参与制定与行业相关的发展规划、产业政策、行规法规和法律；参与行业利益相关的政府决策论证；

七、扶持优秀的会员企业上市，对接政府相关资源；

八、协助会员企业申报政府专项基金、补贴、奖励等；

九、包装和宣传企业以及企业家；

十、举办经济、科技、金融、法律、企业管理培训、交流；

十一、建设旅游商圈平台，帮助会员企业业务落地与增长；

十二、研究旅游行业相关的法律、法规、政策，对旅游行业及会员企业的重要经营决策和重大经济活动提出意见、建议。

十三、帮助企业解决经营中的困难和问题，为企业提供市场信息、技术咨询，员工培训等服务；

十四、加强旅游人才职业化建设，为旅游行业企业输送合格人才；

十五、向企业提供和发布行业政策、发展信息、统计资料、行业分析；

十六、组织或举办各种会展、商务考察和交流，开展国内外经济技术交流与合作；

十七、对接银行资源协助会员企业取得银行授信；

十八、提供大数据资源，帮助会员精准匹配；

十九、举办行业评选以及评比活动；

二十、对快速成长的会员企业进行定制服务。

联络我们

协会官网：www.ztia.org

协会地址：北京市海淀区上地信息路 26 号中关村创业大厦 713/717 室

协会电话：010-62982840（旅创协）

专用微信：chinaztia

责任编辑：刘彦会

图书在版编目（CIP）数据

旅游创业启示录：互联网+时代的出境游 / 张华，王加梁主编. --北京 ：旅游教育出版社，2016. 11
（中国旅游创业创新智库丛书）
ISBN 978-7-5637-3483-2

Ⅰ. ①旅… Ⅱ. ①张… ②王… Ⅲ. ①互联网络—应用—旅游业—研究—中国 Ⅳ. ①F592-39

中国版本图书馆 CIP 数据核字（2016）第 266843 号

中国旅游创业创新智库丛书

旅游创业启示录——互联网+时代的出境游

张　华　王加梁　主　编

廖旺宇　李　凌　罗婉丽　副主编

张德欣　丛书总主编

出版单位	旅游教育出版社
地　　址	北京市朝阳区定福庄南里 1 号
邮　　编	100024
发行电话	（010）65778403 65728372 65767462（传真）
本社网址	www.tepcb.com
E-mail	tepfx@ 163.com
排版单位	北京旅教文化传播有限公司
印刷单位	北京艺堂印刷有限公司
经销单位	新华书店
开　　本	710 毫米×1000 毫米　1/16
印　　张	11.75
字　　数	171 千字
版　　次	2016 年 11 月第 1 版
印　　次	2016 年 11 月第 1 次印刷
定　　价	37.00 元

（图书如有装订差错请与发行部联系）